プリント形式のリアル過去問で本番の臨場感！

長野県
県立

屋代・諏訪清陵
高等学校附属中学校

2025 年 ✽ 春 受験用

解答集

本書は，実物をなるべくそのままに，プリント形式で年度ごとに収録しています。
問題用紙を教科別に分けて使うことができるので，本番さながらの演習ができます。

■ 収録内容

・解答集（この冊子です）

　　書籍ＩＤ番号，この問題集の使い方，最新年度実物データ，リアル過去問の活用，
　　解答例と解説，ご使用にあたってのお願い・ご注意，お問い合わせ

・2024（令和６）年度 ～ 2020（令和２）年度　学力検査問題

JN132621

問題文などの非掲載につきまして

　著作権上の都合により，本書に収録している過去入試問題の本文や図表の一部を掲載しておりません。ご不便をおかけし，誠に申し訳ございません。

○は収録あり	年度	'24	'23	'22	'21	'20
■ 問題（適性検査）		○	○	○	○	○
■ 解答用紙		○	○	○	○	○
■ 配点		○	○	○	○	○

全分野に解説
があります

注）問題文等非掲載:2022年度適性検査Ⅰの【問1】と【問3】，2021年度適性検査Ⅰの【問4】

Ｋ教英出版

■ 書籍ID番号

入試に役立つダウンロード付録や学校情報などを随時更新して掲載しています。

教英出版ウェブサイトの「ご購入者様のページ」画面で，書籍ID番号を入力してご利用ください。

書籍ID番号 **101216**

（有効期限：2025年9月30日まで）

【入試に役立つダウンロード付録】

「要点のまとめ（国語／算数）」

「課題作文演習」ほか

■ この問題集の使い方

年度ごとにプリント形式で収録しています。針を外して教科ごとに分けて使用します。①片側，②中央のどちらかでとじてありますので，下図を参考に，問題用紙と解答用紙に分けて準備をしましょう（解答用紙がない場合もあります）。

針を外すときは，けがをしないように十分注意してください。また，針を外すと紛失しやすくなりますので気をつけましょう。

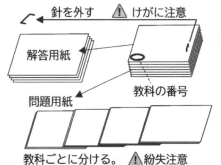

① 片側でとじてあるもの

針を外す ⚠けがに注意

解答用紙

教科の番号

問題用紙

教科ごとに分ける。 ⚠紛失注意

② 中央でとじてあるもの

針を外す ⚠けがに注意

解答用紙

教科の番号

問題用紙

教科ごとに分ける。 ⚠紛失注意

※教科数が上図と異なる場合があります。

解答用紙がない場合や，問題と一体になっている場合があります。

教科の番号は，教科ごとに分けるときの参考にしてください。

■ 最新年度 実物データ

実物をなるべくそのままに編集していますが，収録の都合上，実際の試験問題とは異なる場合があります。実物のサイズ，様式は右表で確認してください。

問題用紙	A4冊子（二つ折り）
解答用紙	B4片面プリント

リアル過去問の活用

~リアル過去問なら入試本番で力を発揮することができる~

❀ 本番を体験しよう！

問題用紙の形式（縦向き / 横向き），問題の配置や余白など，実物に近い紙面構成なので本番の臨場感が味わえます。まずはパラパラとめくって眺めてみてください。「これが志望校の入試問題なんだ！」と思えば入試に向けて気持ちが高まることでしょう。

❀ 入試を知ろう！

同じ教科の過去数年分の問題紙面を並べて，見比べてみましょう。

① 問題の量

毎年同じ大問数か，年によって違うのか，また全体の問題量はどのくらいか知っておきましょう。どのくらいのスピードで解けば時間内に終わるのか，大問ひとつにかけられる時間を計算してみましょう。

② 出題分野

よく出題されている分野とそうでない分野を見つけましょう。同じような問題が過去にも出題されていることに気がつくはずです。

③ 出題順序

得意な分野が毎年同じ大問番号で出題されていると分かれば，本番で取りこぼさないように先回りして解答することができるでしょう。

④ 解答方法

記述式か選択式か（マークシートか），見ておきましょう。記述式なら，単位まで書く必要があるかどうか，文字数はどのくらいかなど，細かいところまでチェックしておきましょう。計算過程を書く必要があるかどうかも重要です。

⑤ 問題の難易度

必ず正解したい基本問題，条件や指示の読み間違いといったケアレスミスに気をつけたい問題，後回しにしたほうがいい問題などをチェックしておきましょう。

❀ 問題を解こう！

志望校の入試傾向をつかんだら，問題を何度も解いていきましょう。ほかにも問題文の独特な言いまわしや，その学校独自の答え方を発見できることもあるでしょう。オリンピックや環境問題など，話題になった出来事を毎年出題する学校だと分かれば，日頃のニュースの見かたも変わってきます。

こうして志望校の入試傾向を知り対策を立てることこそが，過去問を解く最大の理由なのです。

❀ 実力を知ろう！

過去問を解くにあたって，得点はそれほど重要ではありません。大切なのは，志望校の過去問演習を通して，苦手な教科，苦手な分野を知ることです。苦手な教科，分野が分かったら，教科書や参考書に戻って重点的に学習する時間をつくりましょう。今の自分の実力を知れば，入試本番までの勉強の道すじが見えてきます。

❀ 試験に慣れよう！

入試では時間配分も重要です。本番で時間が足りなくなってあわてないように，リアル過去問で実戦演習をして，時間配分や出題パターンに慣れておきましょう。教科ごとに気持ちを切り替える練習もしておきましょう。

❀ 心を整えよう！

入試は誰でも緊張するものです。入試前日になったら，演習をやり尽くしたリアル過去問の表紙を眺めてみましょう。問題の内容を見る必要はもうありません。どんな形式だったかな？受験番号や氏名はどこに書くのかな？…ほんの少し見ておくだけでも，志望校の入試に向けて心の準備が整うことでしょう。

そして入試本番では，見慣れた問題紙面が緊張した心を落ち着かせてくれるはずです。

※まれに入試形式を変更する学校もありますが，条件はほかの受験生も同じです。心を整えてあせらずに問題に取りかかりましょう。

《解答例》

【問1】 (1)①あ．七　い．7　②う．願い　え．あさの葉　お．うろこ　③七宝の「丸く協力し合えるように」という願いは，今回の会議のような話し合いで大切なことだから。　④基本となる同じ形をくり返して配置しているという共通点　(2)①か．バッグ　き．(木製の)時計　②あさの葉には成長への願いがこめられていて，自分の成長を願ってくれるおばあちゃんの思いをうれしく思ったから。〔別解〕あさの葉には不幸や災いをさける願いがこめられているから。　③相手に喜んでもらいたいという思い〔別解〕相手をかんげいしたいという思い

【問2】 (1)①あ．ウ　い．キ　う．カ　②鹿の数が増えたのなら，農業のひ害額も増えるはずである，と考えたから。　(2)①1　②お．増やしている　か．のばしている　③耕作放き地の草木をかる。／いたんだ野菜を畑に残さない。／鹿の隠れ場所をなくす。／鹿のえさ場を作らない。などから2つ　(3)具体的な活動…地いきの農家の方に，畑に野菜を放置しないようにお願いするチラシを作って配る。　その活動で期待できること…チラシを見て，えさ場を作らないようにする農家の方が増えれば，鹿が人里に近づきにくいかん境になり，鹿の食害が減り，人間と鹿のすみ分けが期待できる。

【問3】 (1)あ．ア　い．カ　(2)①う．調べて分かったこと〔別解〕調べること／分かったこと　え．はり方　②か．かきね　き．たな　く．針金の役わり〔別解〕役わり　③「地いきの新しい取り組み」についてふれられていない　(3)①特別区いき内の原料のみを使い，2000L以上つくることが条件。　②地いきがワインの特別区いきに認定されている

【問4】 (1)あ．足の速い人と足の遅い人〔別解〕足の遅い人　い．重要　(2)色々な人がいれば，それだけ色々な意見が出るし，色々なアイデアが生まれる　(3)エ
(4)(1字あける)わたしが改ぜんすることができた体験は、総合的な学習の時間の発表です。説明だけでは伝わりにくかった発表をよりよいものにするため、相談して、写真を使うことにしました。より伝わりやすい発表にすることができました。(改行)この体験から、困ったときには仲間と相談し、よりよいアイデアを伝えるなど、助け合って解決していくことの大切さを学びました。中学に入ってもこの体験を生かしていきたいです。

《解　説》

【問1】

(1)① 会議名の「G7長野県軽井沢外相会合」（かるいざわがいしょう）と、「七宝」（しっぽう）という名前からぬき出す。　②う　七宝には「『丸く協力し合えるように』という願い」がこめられており、その他の3つのもようについては、「あさの葉」には「災いや不幸のない健やかな成長への願い」が、「せいがいは」には「幸運への願い」が、「うろこ」には「不幸や災いをさける願い」がこめられている。　え・お　え　と　お　の直後の「それぞれのもようの中にある三角形に不幸や災いをさける意味があるのかもしれない」より、「あさの葉」と「うろこ」が適する。　③ 七宝にこめられた「『丸く協力し合えるように』という願い」は、異なる国の人が集まって開催（かいさい）される会議にふさわしい。
(2)① お母さんとの会話から、七宝のもようのバッグが出席者におくられたことがわかる。また、メモ1に「バッグの他に木製の時計などもおくられた」とある。　② おばあちゃんの買ってくれた服は、「あさの葉」のもようだった。「あさの葉」にこめられた、「災いや不幸のない健やかな成長への願い」からまとめる。　③ 職人さんが「一生けん命仕上げた作品をぜひ楽しんでほしい」、県の担当の人が「伝統工芸品で各国の外相をかんげいしたいという思いから選んだ。喜んでもらえるとうれしい」と語っていることからまとめる。

【問2】

(1)　あ＝ウ　い＝キ　う＝カ　資料3を見ると，県南西部に木曽川，南部に天竜川，北西部に犀川，北東部に千曲川が流れていることがわかる。信濃川は，長野県内では千曲川と呼ばれる。　②　鹿の数が増えたら，えさに困った鹿が，農家の畑に降りてきて，農作物を食べ荒らすことが増えると考えられ，鹿による農業の被害は増えると予想できるが，資料2を見ると，長野県の鹿による農業の被害額は減少傾向にある。

(2)①　1　資料2を見ると，最も被害額が少ないR2年でも，1億2500万円ほどの被害が出ている。

②　お＝増やしている　か＝のばしている　資料4を見ると，H22年度からH24年度・H26年度と確実にほかく頭数を増やしていたが，H28年度・H30年度に大きく減り，R2年度には再び増えて30434頭になっている。また，資料5を見ると，グラフが右上がりになっていることから，設置した防護さくの総距離は，年々のびていることがわかる。　③　最後の林さんのことばに，「耕作放き地の草木をかることで鹿の隠れ場所をなくす」「いたんだ野菜を畑に残さないようにして鹿のえさ場を作らない」と書かれている。

(3)　地域が一体となって取り組むためには，情報を周知させることが大切である。より多くの人に対さくを知ってもらう方法を考えよう。

【問3】

(1)　「きっかけ」に，「春ごろから，（使われなくなっていた畑に）針金がはられた列ができ，何かが育てられている様子」を見て「調べようと思った」とある。そして，「調べて分かったこと」に，「育てられているもの」はワイン用ブドウで，「針金の役わりは，ブドウの枝をそわせ～のばすこと」と書かれているので，アとカが適する。その他の選択肢の内容は発表用ポスターで触れられていない。

(2)①　う　直前の「❸が後から分かったので」と，宏さんが「歩さんが考えた順は分かるけれど」と言っていることを参照。　②　「かきね仕立て」は，針金が「鉄などでできた柱と柱の間に，2～3本平行にはられている」作りで，「針金の役わり」は「ブドウの枝をそわせ，枝を横や上にのばすこと」である。「たな仕立て」は，「何本もの針金があみ目のようにはられている」作りで，「針金の役わり」は「ブドウの枝をそわせ，枝を天井のように広くのばすこと」である。　③　「きっかけ」に「地いきの新しい取り組みなのではないかと思い，調べようと思った」とあるが，このことについてはポスターに書かれていない。

(3)①　南さんは，「わたしたちの地いきがワインの特別区いきに認定され」たと言っている。資料1の「ワインの構造改かく特別区いき制度」には，「ワインの最低じょう造数量6000Lを，特別区いき内の原料のみを使う場合，2000Lに引き下げることができる」とあり，この「条件」を知って，「2000Lなら造れそうだ」と思った人が，「地いきのワイン用ブドウ」を必要としているのである。「最低じょう造数量」を「2000Lに引き下げることができる」ということは，言い方をかえれば，最低でも2000Lは造らなくてはならないということ。　②　①で見たように，「最低じょう造数量」を「2000Lに引き下げる」には，まず「ワインの特別区いきに認定され」る必要がある。

【問4】

(1)　「人間に足の速い人と足の遅い人がいるということは，足が速いことはそうでなければ生きていけないというほど重要ではないということだ」を参照。

(2)　3～6行後に「経験が豊富な高齢者や危険を経験した傷病者の知恵は，人類が生き抜く上で参考になったのだろう。色々な人がいれば，それだけ色々な意見が出るし，色々なアイデアが生まれる」とある。

(3)　(2)で見たように，人間は高齢者や傷病者も助け，彼らの知恵を生き抜くための参考にしてきた。そのことと，――線部dの直前の「何が優れているかという答えはないから，生物は多様性のある集団を作る。しかし，年老いた個体や，病気やケガをした個体は，生き残れないことが多い。しかし，人間の世界は，年老いた個体や病気やケガをした個体も，『多様性』の一員にしてきた」より，エが適する。

《解答例》

【問1】(1)①72　②中につやつやした白いかたまりがある　③い. 3　う. 13　え. 小さい種子
　　　お. 大きい種子　(2)①ウ　②葉に日光が当たると，種子が育ちやすいか調べる実験

【問2】(1)①6　②い. D　う. 3　え. 2　(2)①10，3
　　　②お. 4　か. 3　き. 8　く. 1　け. 6　こ. 2
　　　(おか，きく，けこ　それぞれが組になっていれば順不同)　(3)右図

【問3】(1)①あ. ゴム　い. プロペラ　う. 風　②不確かさをなるべくなくし，より正確な実験結
　　　果を得るため　(2)①え. 条件　お. 長方形　か. 2　き. 60　く. 羽根の形　け. 長方形
　　　②こ. A　さ. C　し. B　す. D（こさ，しす　それぞれが組になっていれば順不同）
　　　せ. C　そ. E　た. D　ち. F（せそ，たち　それぞれが組になっていれば順不同）
　　　つ. A　て. B　と. C　な. D　に. E　ぬ. F（つて，とな，にぬ　それぞれが組になって
　　　いれば順不同）　③下底の長さ…3.5　高さ…5
　　　(3)絵…右図　仕組み…ほの部分に風を受けることで進む　工夫…風の力を強くする

【問4】(1)①（4×5）×2＋（4×15）　②175　③⑦のケーキにだけある，クリームがぬられ
　　　た側面の面積　④20　(2)①（7.5×2）×3.14÷3　②対応する2つの点を結ぶ直線
　　　を2本ひいたときの交わった点〔別解〕対角線の交わった点
　　　(3)①え. 225　お. 3　か. 高さ　き. 7.5　②5×7.5÷2，15×7.5÷2
　　　③右図　説明…正方形の辺を12cmごとに点をとり，とった点と点Oを結ぶ。

【問2】(3)の図

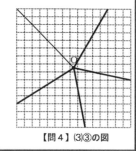

【問3】(3)の図

【問4】(3)③の図

《解　説》

【問1】

(1)①　実験1の結果より，発芽しなかった種子は 14粒(つぶ)だから，発芽した種子は 50－14＝36(粒)である。よって，発芽した種子は全体の 36÷50×100＝72(％)である。

(2)①　学さんは，種子が育つためにはタンポポが土に生えている必要がある（Aの環境(かんきょう)の方が種子が育ちやすい）と予想した。実験2の結果，Aの環境で育ったタンポポで種子が育っていたのは64％で，Bの13％より大きい割合だったから，学さんの予想通り，土に生えていると種子が育ちやすいといえる。　②　土に生えたタンポポの葉をすべてアルミニウムはくでおおったタンポポで種子が育つ割合を調べ，その結果を実験2のAの結果と比べることで，種子が育つために日光が必要かどうかを調べることができる。なお，調べたい条件以外の条件をそろえて実験を行うと，結果の違いがその条件の違いによるものだと確かめられる。

【問2】

(1)①　図3の図形の辺は6本しかないので，1辺の長さに切った麦わらは6本あればよい。

②　図4を見ると，どの頂点にも₅3本の辺が集まっていることがわかる。図5を見ると，点A，B，Cには辺が3本ずつ集まっているが，点Dに集まる辺は₃2本しかない。点Bからは，点Aにつながる辺，点Cにつながる辺，

点Dにつながる辺があるはずだが，図5の点Bには，点Dにつながる辺がなく，点Eにつながる辺がある。つまり，点Eは点、Dと同じ点だということがわかる。

(2)① 図6の辺の数は12本あるので，辺の長さの合計は12の倍数になる。麦わらは何本か使ってもよいので，使う麦わらの長さの合計は40の倍数になる。麦わらの余りを出さないようにするので，必要な麦わらの長さの合計を40と12の最小公倍数の120cmとすればよい。ヒンメリは1個作るので，1辺の長さは120÷12＝10(cm)であり，1本40cmの麦わらは120÷40＝3(本)使う。

② 表1を見ると，長い辺は4本，短い辺は8本必要なことがわかる。どちらも4の倍数なので，長い辺4÷4＝1(本)と，短い辺8÷4＝2(本)を1組と考えると，40cmの麦わらを4組に分けることができる。1組の長さは40÷4＝10(cm)なので，長い辺1本，短い辺2本で10cmになる組み合わせを考えると，(長い辺，短い辺)＝(4cm，3cm)，(6cm，2cm)，(8cm，1cm)の3組が見つかる。

(3) 図8で小と中のヒンメリの個数の比は3：2なので，小のヒンメリ1個と中のヒンメリ1個の重さの比は，この逆比の2：3である。小のヒンメリ1個の重さを2とすると，中のヒンメリ1個の重さは3であり，図9より，大のヒンメリ1個の重さは2＋3＝5と表せる。したがって，表2のヒンメリの重さの合計は5＋3×3＋2×2＝18と表せるので，片方の重さが18÷2＝9になればよい。そのような組み合わせは解答例の1通りだけである。また，以下のように考えることもできる。
図8と図9はそれぞれつりあっているので，図8の右側と図9の左側のヒンメリ，図8の左側と図9の右側のヒンメリを組み合わせてみる。それらはつりあうが，表2のヒンメリの数よりも，小が2つ多い。両側にある小をひとつずつ外してもつりあいは変わらないので，片側に大1個と小2個，もう片側に中3個となる。

【問3】

(2)① くけ．1つ前の令さんの発言から，羽根の枚数以外の「羽根の形」または「羽根の角の大きさ」が入るとわかる。比べている進んだ長さの平均の値が2つだから，「く」には長方形か台形かで比べる「羽根の形」が入ると考えられる。また，長方形の進んだ長さの平均を求めると(415＋1065＋1225＋632＋1038＋995)÷6＝895(cm)となることからも，「く」には「羽根の形」が入るとわかる。これより，台形の進んだ長さの平均は約843cmとわかるから，全体的には長方形の方が長く進んだといえる。　　② i)では，羽根の大きさ以外の条件がそろっている組み合わせ，ii)では，羽根の形以外の条件がそろっている組み合わせ，iii)では，羽根の枚数以外の条件がそろっている組み合わせにすればよい。　　③ 表3のA～Fだけでは，AやBと，羽根の形によるちがいを比べる車がない。したがって，実験2の③を参考にして，AやBの長方形の羽根と同じ高さ(5.0cm)で，面積が同じになるように下底の長さが3.5cm(上底の長さは2.5cm)の台形の羽根を使ったプロペラを作ればよい。

【問4】

(1)① 右図の@の面積が4×15(cm²)，ⓑ，ⓒの面積がそれぞれ4×5(cm²)である。

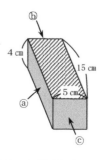

② ①より，@ⓑⓒの部分の面積は100cm²，斜線の部分の面積は15×5＝75(cm²)なので，㋐のクリームがぬられているすべての面の面積は，100＋75＝175(cm²)である。

③ 4×15は，㋐ではクリームがぬられていて㋑ではぬられていない，右図の@の面の面積を計算する式である。

④ ケーキの上の面の周りの長さは15×4＝60(cm)なので，3つに等しく分けると，60÷3＝20(cm)である。

(2)① ㋔の長さは，半径7.5cmの円周を3等分した長さなので，(7.5×2)×3.14÷3で求めることができる。

② 点対称な図形の対称の中心は，対応する点どうしを結んだ直線のちょうど真ん中の点であり，そのような直線を何本かひけば，すべて対称の中心で交わる。正方形ならば，対角線が交わる点が対称の中心にあたる。

(3)① ケーキの上の面の面積は，15×15＝225(cm²)だから，3等分すると

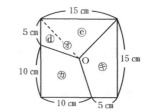

ぇ<u>225</u>÷ぉ<u>3</u>＝75(cm²)となる。㋐を右図のように2つの三角形に分けると，

ⓓは底辺5cm，高さ15÷2＝7.5(cm)，ⓔは底辺15cm，高さ15÷2＝7.5(cm)

の三角形だから，ゕ<u>高さが同じき7.5</u>cmになっている。

② ①より，ⓓの面積は5×7.5÷2，ⓔの面積は15×7.5÷2で求められる。

③ (3)と同じように考えて，上の面の正方形の周りの長さ(60cm)を5等分するように点をとればよい。したがって，60÷5＝12(cm)ごとに点をとる。

《解答例》

【問1】(1)①イ，ウ，オ，カ　②お昼の放送の時間が 10 分間しかなく，2 曲をそれぞれ終わりまで流すため，例えば，2 曲とも 5 分間をこえていると流すことができないから。　(2)①全校のみんなが知っている曲を流す

②ふせんB…ウ　ふせんC…ア　ふせんD…イ　③あ．みんなが聞きたい曲を流したい　い．曲を知らない人もいる　④アンケート用紙に書いてもらったおすすめポイントを曲といっしょに放送する

【問2】(1)①あ．長所　い．短所　②根羽村から甲府市まで，休みなしで走っても 18 時間かかり，その日のうちに着くことはできないから。　(2)①う．雨天時　え．次ののろし場ののろしが確かめられない場合（「う」と「え」は順不同）

②お．わら　か．生のスギの葉（「お」と「か」は順不同）　き．おおかみのふんを混ぜて燃やしたこともあったから

(3)①18　②く．共有　け．正確な情報を発信する　こ．打ち合わせ　さ．練習（「こ」と「さ」は順不同）

【問3】(1)①ウ　②福岡へ行くはじめの便が福岡に着く前に，福岡から松本へ来る最後の便が出てしまうから。

(2)①ウ　②ア，エ，オ　(3)①い．オ　う．キ　え．ア　お．エ　②(例文)福岡便は，県外の利用者が多く，ビジネス目的で利用する割合が低いので，県内の会社に，九州へ出張に行くときに飛行機を使ってもらえるようによびかけをする。

【問4】(1)切り方によって味が変わるから，「切る」という調理法。　(2)切れる包丁で，作る料理にあった寸法できちんと切ること　(3)両刃包丁…食材に均等に力が加わるので，だれでも切りやすい。　片刃包丁…力が食材にスムーズにかかりやすいので，切り口が美しい。

(4)(例文)

　はがね製の包丁をよりよく使うためには，食材を切る技量だけでなく，包丁を切れ味のいい状態にしておくための，とぐ技量も必要だと筆者は考えている。

　私は，習字のときにていねいにすみをすり，きちんと手入れされた筆で書くことで，とめやはらいにもちがいが生まれることに気がついた。思い通りの字を書くためには，道具をいい状態に保つことも大切だということがわかり，習字のおく深さを感じた。

《解説》

【問1】

(1)①　「給食中に会話ができないため，曲を流すことで給食の時間を楽しんでもらう」という目的がかなった，よい結果を示すものを選ぶ。　②　「放送のしかた」に「お昼の放送の10分間のみを利用し，選ばれた 2 曲をそれぞれ終わりまで流す」とある。2 曲の長さの合計が 10 分以上ならば，全部は放送できないということ。

(2)①　直前で取り上げた 2 つの意見に対する解決策，つまり，「全校のみんな」が楽しめていない，「知らない曲ばかり」だと思う人がいる，という課題の解決策を提案したと考えられる。よって，全校のみんなが知っている曲を流す，という内容が入る。　② ふせんB は，直前の「みんなが〜聞きたい曲は，たぶんドラマの曲や，流行の曲じゃないかな」という発言をまとめたものなので，ウ。 ふせんC は，直前の「『この曲は知らない』という人もいるから，曲が流れても関心をもって楽しく聞いてもらえないかもしれないね」という発言をまとめたものなので，ア。 ふせんD は，直前の「知らない曲でも関心をもって楽しく聞いてもらう方法はないかな」という発言をまとめたものなので，イ。　③　直前に「 清 さんと 智 さんの意見をまとめると」とあるので，直前の二人の

発言に着目する。　あ　は希望する内容。　い　は「関心をもって楽しく聞いてもらえない」理由。　④　直前の二人の発言をまとめている。よって，「曲といっしょに，その曲のおすすめポイントを紹介する」「それをアンケート用紙に書いてもらおうよ」という内容をわかりやすくまとめる。

【問2】

(1)①　❸では「より早く，より遠くまで情報を伝達できた」というすぐれた点を挙げているので，　あ　は「長所」。④では「伝えられる情報量が少なかった」「雨天時はのろしをあげられない」「夜は 煙 が見えない」といった不十分な点を挙げているので，　い　は「短所」。　②　走る速さは時速 10 kmであり，根羽村から甲府市まで180÷10＝18(時間)かかる。したがって，朝8時に起こったことが伝わるのは，8時＋18 時間＝26 時，つまり翌日の午前2時なので，その日のうちに伝えることはできない。なお，解答例以外にも，「出発した日の 24 時までに進める道のりが 160 kmで，甲府市には着かないから。」という解答も考えられる。

(2)①　　う　と　え　は，「徒歩で」情報を伝えなければならない場合の条件である。よって，ノート1の❹の「雨天時はのろしをあげられないので，徒歩で情報を伝達した」，❺の「煙や火をあげても，次ののろし場ののろしが確かめられない場合は，徒歩で情報を伝達した」より，下線部をぬき出す。　②　会話2の最初で，畑さんが「のろしは～その上にわらを置き，さらにその上に生のスギの葉を重ねて，わらの下から火をつけます。狼 のふんを混ぜて燃やしたこともあったようなので，狼の煙と書くそうです」と言っていることから。

(3)①　180 kmを時速5kmで休まず歩いたときにかかる時間は，180÷5＝36(時間)となる。のろしが伝わるのにかかる時間は約2時間だから，約2÷36＝$\frac{1}{18}$となる。　②　　く　は，ノート1の❶「戦いが起きたことなどの情報を地いきで共有したり」より，下線部をぬき出す。　け　は，会話2の「特に気を付けていたのは，正確な情報を発信することです」より，下線部をぬき出す。　こ　と　さ　は，正確な情報を発信するためにしていたこと。ノート1の❺の「何度も打ち合わせをしていた」，会話2の最後の発言の「日ごろから練習をしていました」より。

【問3】

(1)①　お母さんの1つ目の発言から考える。福岡発松本着の便は1日に2本あり，それぞれ9：45と12：35に松本に到着する。それぞれの30分後に福岡行きの便が出発するかを調べると，12：35の30分後の13：05に出発する便があることがわかる。よって，現在時刻は12：35ごろなので，最も近いウを選べばよい。

②　福岡に到着するのは早くても 14：55であり，福岡発最終便の出発時刻の 11：10を過ぎているため，日帰りはできない。

(2)①　令和元年度まで，新千歳便の利用者は1日あたりおよそ，40000÷365＝$\frac{8000}{73}$(人)であった。新千歳便は1日に2便(1往復)あるので，1便あたりの利用者はおよそ，$\frac{8000}{73}$÷2＝$\frac{4000}{73}$(人)であった。会話1のお母さんの4つ目の発言より，1機あたり80人ぐらい乗れるから，座席がうまっている割合は，$\frac{4000}{73}$÷80×100＝68.4…(%)となるので，最も近いものはウの70%である。

②　ア．グラフより，正しい　イ．丘珠空港の往復便ができたが，新千歳便は1往復のままである。よって，正しくない。　ウ．平成 22年度から 26年度までは4万人前後となっているが，それ以降は4万人前後とはいえないので，正しくない。　エ．会話2の1つ目のお母さんの発言の内容に合っているので，正しい。

オ．今年の3月から 10月は新千歳便と丘珠便がそれぞれ1往復しているので，北海道へ行く便は1日2往復である。よって，正しい。

(3)①　い．福岡便と新千歳便の両方のグラフおいて，どちらも全体的に多くなっているといえるのは，資料2（利用目的）の観光である。　う．例年お盆は8月 13日から8月 16日までの4日間（一部地域では7月 13日から7月

16日まで）とされていて，お盆前には帰省等で交通機関の利用者数が増加する。令和元年は8月の調査をお盆前にしていることから，帰省・親族等訪問の割合が高くなっていることを読み取る。　え・お. 会話中に「春に比べて夏の方が高くなる」，「令和元年8月はそうでもない」とあるので，福岡便の県外利用者の割合と判断する。

② 資料1（利用者区分）の特徴として，福岡便では県外の利用者が多いことや，新千歳便では県内利用者が多いこと，資料2（利用目的）の特徴として，観光目的が多いことや，ビジネス目的が少ないことなどを挙げながら，具体的な工夫が書けていればよい。

【問4】

(1) 4段落目で「日本料理では，『切る』という調理法をとても大切にしています。なぜなら，切り方によって味が変わるからです」と述べていることからまとめる。

(2) ——線部aは，たとえば，お客様の「口の中で味が膨らんだり広がったり」すること。そのようにするためには，どうすることが大切だと述べているか。「そうすると」（——線部aの前行）が指す内容を読み取る。それは，直前の段落の「切れる包丁で，作る料理にあった寸法できちんと切る」ということ。

(3) ——線部aの3段落後に「両刃包丁は，食材に均等に力が加わるので，誰でも切りやすく」，その直後の段落に「片刃包丁は～刃が片側にしかついていないため，切る時の力が食材にスムーズにかかりやすく，切り口が美しいのです」とあることからまとめる。

(8)

《解答例》

【問1】(1)①エ　②ア　　(2)①ウ　②右グラフ　③水よりも消毒液の方が，手のひらの温度

を急に下げているから。

液体をふきつけた手のひらの温度

水

消毒液

時間

【問2】(1)①水に入れる洗ざいの量　②い．10　う．20 （「い」と「う」は順不同）

(2)え．大きくなるかどうか　お．水と洗ざいと洗たくのりの量　か．1250

き．125　く．125

【問3】(1)①下図　②6　③2　④下図　⑤1，3，7，9　⑥10

(2)え．10　お．162　か．20

【問4】(1)①1　②6　　(2)①下図　②下図　　(3)あ．1311　い．1212　う．2121 （「い」と「う」は順不同）

え．2112　お．1221 （「え」と「お」は順不同）　か．6種類の数しか表すことができない

【問3】(1)①の図

【問4】(2)①の図

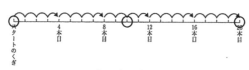

スタートのくぎ　4本目　8本目　12本目　16本目　20本目

【問3】(1)④の図

| 1 | 8 | 3 | 2 |

【問4】(2)②の図

《解説》

【問1】

(1)①　エ○…稲とイナゴの関係について確かめるので，稲と稲以外の植物で比べる。　②　ア○…図1の上部のストローにテントウムシが乗るとストローが回るので，テントウムシは光の有無に関わらず上の方に歩いていくことがわかる。　(2)①　ウ○…実験2の❸では液体をふきつけていないので，手のひらの温度変化が液体のふきつけによるものであることを確かめるためである。　②　それぞれの点をとって折れ線グラフにする。　③　実験2の結果の表やグラフより，水よりも消毒液の方が，最初の10秒での温度変化が大きく，手のひらの温度が急に下がっていることがわかる。

【問2】

(1)①　表1では100mLの水に入れる洗ざいの量を10mL～50mLの間で変えて実験を行っている。　②　表2より，100mLの水に入れる洗ざいの量が15mLのとき，割れなかったシャボン玉の数が最も多く，表1より，100mLの水に入れる洗ざいの量が10mLのときと20mLのときに割れなかったシャボン玉の数が14個で同じになっているので，水に入れる洗ざいの量が10mLと20mLの間でさらに細かく調べる必要がある。

(2)　え．実験2ではシャボン玉に入った空気の量を調べているので，花さんはシャボン玉の大きさを調べる提案をしたと考えられる。　お．100mLの水に入れる洗ざいの量が10mL，100mLの水に入れる洗たくのりの量が10mLのと

き，シャボン玉に入った空気の量の平均が大きくなっていることに着目する。このことから，水に入れる洗ざいの量と洗たくのりの量のバランスが大事だとわかる。　**か～く**．表3より，水が100mLのとき，洗ざい10mL，洗たくのり10mLを混ぜたときにできる120mLのシャボン玉液が最も大きいので，シャボン玉液を1500mL作るには，水を$100×\dfrac{1500}{120}=1250$(mL)，洗ざいと洗たくのりをそれぞれ$10×\dfrac{1500}{120}=125$(mL)混ぜればよい。

【問3】

(1)① 　スタートのくぎから時計まわりに1つ進んだくぎを1番，もう1つ進んだくぎを2番，その次を3番，………というように，10本のくぎに1番～10番までの番号をつける（スタートのくぎは10番）。xの値が3のときに糸をかけるくぎは順番に，3本目（3番），6本目（6番），9本目（9番），12本目（2番），15本目（5番），18本目（8番），21本目（1番），24本目（4番），27本目（7番），30本目（10番）だから，解答例のような模様ができる。

② 　xの値が4のとき，スタートのくぎ以降は偶数本目のくぎに糸がかけられている。そのため，xの値が6と8のときの糸のかけ方を考えればよい。
xの値が6のとき，図Ⅰのようになり，xの値が4のときの糸のかけ方と同じ模様になる。なお，xの値が8のときは図Ⅱのようになり，xの値が2のときの糸のかけ方と同じ模様になる。

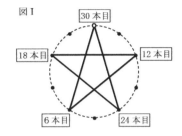

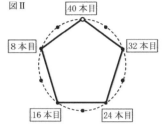

③ 　xの値が4のときは，20本目のくぎで模様が完成している。10本ごとに1周するので，2周している。

④ 　10本進むと同じ位置に戻ってくるので，スタートのくぎに加えて，10本目，20本目に○をかけばよい。

⑤⑥ 　xの値と10の最小公倍数が，スタートの位置に戻るくぎの本数となる。例えば，xの値が3のとき，3と10の最小公倍数は30だから，30本目でスタートに戻る。このとき，くぎに糸をかけた回数は30÷3＝10(回)となる。このようにして，xの値が1から9のときのスタートに戻ったときのくぎの本数と，くぎに糸をかけた回数をまとめると右表のようになる。表より，xの値が⑤1，3，7，9のときにくぎに糸をかけた回数が⑥10(回)となり，1番多くなる。

xの値	スタートに戻ったときのくぎの本数	くぎに糸をかけた回数
1	10本目	10回
2	10本目	5回
3	30本目	10回
4	20本目	5回
5	10本目	2回
6	30本目	5回
7	70本目	10回
8	40本目	5回
9	90本目	10回

(2) 　xの値が9のとき，はじめの2回にかける糸は図ⅢのAB，BCとなる。この長さがそれぞれ$_{え}10$(cm)で，「お」に入る数はaの角度である。円の中心をOとする。曲線ABの長さは円周の長さの$\dfrac{9}{20}$なので，角AOB＝$360°×\dfrac{9}{20}=162°$である。三角形OABはOA＝OBの二等辺三角形だから，角OBA＝$(180°-162°)÷2=9°$
三角形OABと三角形OCBは合同だから，角ABC＝$9°×2=18°$
したがって，a＝$180°-18°=_{お}162°$
また，9と20の最小公倍数は180なので，180本目のくぎでスタートに戻るから，プログラムを$180÷9=_{か}20$(回)くりかえせばよい。

図Ⅲ

【問4】

(1)① 　チェックデジットは9なので，❺で求めた余りは10－9＝1となる。

② 　❷の手順から，奇数けた目の数の和を3倍すると，（7＋☆＋1＋5＋9＋5）×3＝☆×3＋81となる。

❸の手順から，偶数けた目の数の和を求めると，$1+1+1+9+6+4=22$ となる。したがって，❷と❸の和は，☆×3＋81＋22＝☆×3＋103 となり，これを 10 で割った余り，つまり☆×3＋103 の一の位が 1 となる。☆は 1 から 9 までの整数のいずれかであり，103 の一の位が 3 なので，☆×3 の一の位が 8 となればよい。$1×3$ から $9×3$ までの数で，一の位が 8 になるのは $6×3＝18$ のみだから，☆＝6 となる。

(2)① 8のバーコードの白黒を逆にすると図Ⅰ，左右を逆にすると図Ⅱになる。

② 図5の左から，左右が逆の1，白黒が逆の8，白黒が逆の3，左右が逆の2，の順に並んでいる。

(3) 6マスで数を表す場合，すべてのエリアの分け方は，［3111］，［2211］，［2121］，［2112］，［1311］，［1221］，［1212］，［1131］，［1122］，［1113］の 10 通りとなる。このうち，［1131］と左右逆であるのは，［ぁ<u>1311</u>］である。また，［1131］と［1311］，［1122］と［2211］，［1113］と［3111］の組み合わせ以外で左右逆であるのは，［ぃ<u>1212</u>］と［ぅ<u>2121</u>］であり，左右逆の組み合わせがないものが，［ぇ<u>2112</u>］と［ぉ<u>1221</u>］である。また，エリアの分け方 10 通りのうち，4組が同一の数を表しているので，6マスでは_か<u>6種類の数しか表すこと</u>がで<u>きない</u>。

《解答例》

【問1】(1)①あ. カ　い. ウ　う. エ　え. キ　お. オ　②たくあんをあまくすること。〔別解〕たくあんがあまくなること。　(2)①右表　か. セ　き. コ

②く. 氷もち作り　け. 和紙すき　(②は順不同)

③先の見通しをもち、冬の気候を利用したり、むだがないように物を利用したりして、仕事をしていた

仕事　　　　月	1	2	3	4	5	6	7	8	9	10	11	12
ほしがき作り										○	○	
糸のより出し	○	○	○								○	○

【問2】(1)表1／長野県の水力発電所での発電量は 7929013 千 kWh であり、富山県の 9084935 千 kWh より少ないから。

(2)県…イ　倍…カ　(3)両方の県とも、2019 年度は火力発電所の発電量が多い。(下線部は発電量の合計でもよい)

(4)海が遠く、燃料を運ぶ手間がかかるから。(下線部は海と接しておらずでもよい)　(5)①グラフ2から、1980 年の発電所1か所あたりの最大出力は約8000kW であるのに対して、表3で一番大きいBでも、約1000kW であり、発電所1か所あたりの最大出力が小さいから。　②大きな工事をせず、今あるダムなどを有効に活用しながら、地域の人の思いを取り入れ、地域の人にも役立つようにしていく。

【問3】(1)①イ、エ　②ひと目で何を表しているのかわかり、言語のちがいがあっても伝わること。

(2)①オ、キ、ク、ソ、タ　②テ、ト　(3)①あ. 禁止〔別解〕ルール　い. 国内外　う. 目的の場所へ自分自身で行くため　②ルールを多くの人が共通して理解することができるから。

【問4】(1)あ. エ　い. オ　(2)カ

(3)(例文)

　　筆者は、ハエトリグサにとっての「必要」は、ちっ素をふくむ栄養を取りこむこと、「発明」は、虫をとらえるためのほ虫葉にあたると考えています。

　　今年の運動会では、時間も内容も限られた中でできることを考える必要がありました。全員でアイデアを出し合い、大なわとびや全員リレーなどの団体種目を増やすことで乗りこえました。このことから、協力して解決することの大切さを学びました。

《解　説》

【問1】

(1)① 曽祖母の話にアの作業は出てこない。また、イとクの作業については、「私はやらない」と言っている。ウとエの順番を間違えないように注意する。エの作業でやけどしないように、ウの作業を先に行うと説明している。

② 直前で「むいたかきの皮をいっしょに入れると、たくあんがあまくなる」と言っている。

(2)① ほしがき作りについて曽祖母は、「10 月から 11 月に作って」と言っている。また、糸のより出しについては、資料2に「11月～3月は糸のより出しで毎日いそがしかった」とある。 か については、10 月と 11 月に○が入っていて、資料3の「たくあんづけ」の仕事内容と一致する。 き については、8月から 11 月に○が入っていて、資料3の「野沢菜づけ」の仕事内容と一致する。　② 「 く や け 」の直後に「冬の寒さや何回もふる雪を利用した」とあることに着目する。資料2の「和紙すき」の説明には、「何回もふる雪を利用して」とある。また、資料3の「氷もち作り」の説明には、「寒中の水に～こおらせ」とある。

【問2】

(1) 水力発電による発電量を比べることができる資料が必要だから，表1を選ぶ。表2からは，長野県の水力発電所の数が他の県よりも多いことを説明できる。グラフ1からは，長野県の発電量のほとんどが水力発電であることを説明できる。

(2) イ．(水力発電所1か所あたりの発電量)＝(水力発電所の発電量)÷(水力発電所の数)で求められる。よって，長野県は 49647÷1＝49647(千 kWh)，富山県は 6396625÷3＝2132208.3(千 kWh)，岐阜県が 40958÷1＝40958(千 kWh)，35998137÷17＝2117537.4(千 kWh)，群馬県が 172709÷3＝57569.6(千 kWh)だから，岐阜県が最も少ない。
カ．40958÷49647＝0.82498…(倍)となる。

(3) 表1の火力発電所の発電量を見ると，富山県・新潟県は，他の県よりもけた違いに多いことが読みとれる。

(4) カードより，火力発電の燃料のほとんどが外国から船で輸送されてくることに着目し，長野県が海に接していないことと結びつける。

(5)① 発電所の数が大幅に増えても，最大出力の合計がそれほど増えないのは，1か所あたりの最大出力が小さいからである。それを踏まえてグラフ2を見ると，1980 年の発電所1か所あたりの最大出力は，72400÷9＝8044.4(kW)である。一方，表3で最大出力が一番大きいBでも 999kW であり，約$\frac{1}{8}$小さくなったことが読みとれる。
② ノートの前半からは，表3の発電所が作られていたダムを有効に活用したものであり，今後も大きな工事のいらない発電所作りが目指されていることを読みとる。ノートの後半からは，地域連携型水力発電所として，観光場所としての役割や，災害時の電気利用などの役割が期待されていることを読みとる。

【問3】

(1)① イは，メモの4つ目の内容と一致する。エは，メモの5つ目の内容と一致する。　② 会話の「ぱっと見て陸上競技であることがわかるね」という言葉や，メモの「各国の言語で場所などを表記するのは不可能」という部分からまとめる。

(2)① 「禁止」という言葉が入っていないオとキも，やってはいけないことを伝えるものであり，禁止を示す内容になっている。　② 「職員にとって便利」なことは何かを読み取る。博物館と映画館の両方の人が言っているのは，お客さんが自分でルールを理解してくれることと，それによってお願いの声をかける回数が減ることである。よって，テとトが適する。

(3)①あ 図2を見ると，博物館と映画館には，禁止やルールを示すピクトグラムがそれぞれ3つずつある。
い 聞き取りの中に，「国内外からお客様が来るので」とある。　う 動物園については，聞き取りの中に「見たい動物の場所へお客さん自身で行けるので」とある。また，病院については，聞き取りの中に「行きたい場所へ行くために」とある。　② 聞き取りの中で，博物館と映画館の人は，お客さんが自分でルールを理解してくれることが便利だと言っている。JISについての資料の中に，「多くの人が共通して理解したり，使用したりできるように」とある。JISのピクトグラムのこうした特徴が，博物館や映画館で多く使われる理由だと考えられる。

【問4】

(1)あ 直前で，ハエトリグサは，成長や生きるためのエネルギーとなるデンプンを求めているわけではないと説明されている。ここからどのような疑問がうかぶかを考える。エネルギーを求めていないのであれば，なぜ虫を食べるのかという疑問が残る。よって，エが適する。　い これより前で，ハエトリグサは窒素を虫から取り入れていると説明されている。一方，ふつうの植物は「窒素を含んだ養分を，土の中から吸収し」ている。これらをふまえると，ハエトリグサはなぜ窒素を含んだ養分を土の中から吸収しないのかという疑問がうかぶ。よって，オが適する。

(2) ──線部aで人間の栄養の取り方を説明することで，ハエトリグサのとる方法が「そんなに突拍子もないものでは」ないということが想像しやすくなっている。よって，カが適する。

《解答例》

【問１】(1)エ　　(2)55　　(3)21　　(4)ク

【問２】(1)①位置…キ　向き…ク

　　　　②１すすむ（２）　２右まわり　３すすむ（１）　４左まわり

　　　　５すすむ（２）　６左まわり　７すすむ（５）

　　　　(2)右図　　(3)①Aの箱…3　Bの箱…3　Cの箱…4　②あ．シ　い．タ

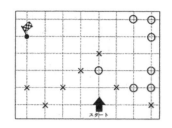

【問３】(1)①24時間暗い部屋　②あ．50　い．16　③う．割合　え．差

　　　　(2)①お．3　か．1　き．3　く．1　け．9　②540　(3)2600

【問４】(1)①2.7m＝270cm，3.6m＝360cmだから，光さんの部屋の面積は270×360で97200cm²である。一辺が50cmの正方形のタイルカーペットの面積は2500cm²。97200÷2500＝38.8…だから，39枚あれば部屋中にタイルカーペットをしきつめることができる。　②あ．24　い．35　③300　(2)5　(3)正五角形の１つの角の大きさは，540°を５等分して108°である。１つの点の周りに108°を集めても，角の大きさの合計が360°にはならないから，正五角形ではしきつめることはできない。　(4)①13　②9

《解　説》

【問１】

(1)　定価を1とする。定価の3割引きは，1×（1－0.3）＝0.7であり，値引きによって，0.7×（1－0.2）＝0.56となるから，定価の0.56×100＝56（％）で商品が買える。

(2)　1段目について，本Aは7冊まで並び，8冊目は入らなかったので，うちのりは⑦7×7＝49(cm)より長く，7×8＝56(cm)より短い。2段目について，本Bが何冊かと本C 1冊でぴったり並べることができたから，うちのりは①4の倍数より3だけ大きい数である。3段目について，本Cが何冊かと本B 1冊でぴったり並べることができたから，うちのりは⑦3の倍数より4だけ大きい数である。

①と⑦を満たす最小の数は7である。よって，7に4と3の最小公倍数である12の倍数を足した数は，①と⑦を満たす数となる。このうち，⑦を満たす数は，7＋12×4＝55だから，うちのりは55cmである。

(3)　正方形7枚で余りなく切り取れるときは，右図のようになる。

A＝1＋1＝2(cm)，B＝2＋1＝3(cm)，C＝2＋3＝5(cm)，

D＝5＋3＝8(cm)，E＝5＋8＝13(cm)

よって，元の長方形の長い方の辺は，13＋8＝21(cm)である。

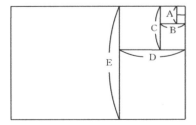

(4)　図3，図4より，右図のような模様の面は，

1つしかないことがわかる。カ～ケのうち，ク

だけが右図のような模様の面が2つあることから，

組み立てたときにマットに置かれた立方体の模様と同じにならないのは，クだとわかる。

【問2】

(1)① 指示2のおわりまで動かすと，下の図のように矢印が動く。よって，矢印はキの位置に来て，向きはクの向きとなる。

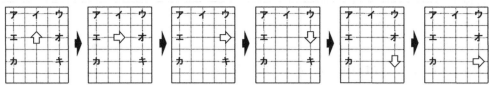

② 条件に合う矢印が移動するルートは，図iの太線部分の1通りある。矢印のすすむ数字，向きに気をつけて指示を書こう。

(2) 矢印は右に90°しか向きが変えられないことに気をつける。矢印の向きを変える回数が最小になるようなルートは，図iiの太線部分だから，○の位置は解答例のようになる。

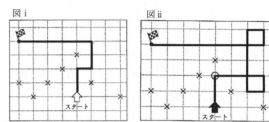

(3)① 黒い色のカードは，★，■，♥の3枚，黒い色ではなくて四角い形のカードは，□，□，◇の3枚，黒い色でも四角い形でもないカードは，☆，◎，▽，△の4枚ある。

よって，Aの箱に3枚，Bの箱に3枚，Cの箱に4枚入る。

② D～Gの箱に12÷4＝3(枚)ずつカードが入る。12枚のカードのうち，「はい」となるカードがちょうど3枚になるのは，「三角の形」？と聞かれたときだから，「あ」にはシが当てはまる。

三角の形と丸い形を除いた，♡，☆，♥，◆，★，□の6枚のカードのうち，「はい」と「いいえ」が3枚ずつとなるのは，「黒い色」？と聞かれたときだから，「い」にはタが当てはまる。

【問3】

(1)① 下線部aで，「明るい時間が長い場合と，暗い時間が長い場合を比べる」とあり，❶は明るい時間のみで，❷は明るい時間と暗い時間が同じなので，もう1つの条件として，暗い時間が長い部屋を用意すればよい。明るい時間が長い場合として24時間明るい部屋を用意したので，暗い時間が長い場合としては24時間暗い部屋が適する。

② 蚕は，16日目から25日目で，79－29＝ぁ50(㎜)大きくなっており，1日目から10日目で，16÷1＝ぃ16(倍)になっている。

③ 割合はわり算，差はひき算で求められる。

(2)① 歯車の回転数の比は，歯の数の比の逆比となる。歯車Aと歯車Bの歯の数の比は，36：12＝ぉ3：ゕ1だから，回転数の比は1：3となる。よって，Aが1回転すると，Bは1×3＝ぉ3(回転)する。Bが3回転するとCも3回転する。CとDの回転数の比はAとBの回転数の比に等しく1：3だから，Cが3回転するとDは3×3＝9(回転)する。したがって，Aが1回転するとDは9回転するから，AとDの回転数の比は，く1：け9である。

② ハンドルを100回転させると，Aが100回転するから，Dは100×9＝900(回転)する。図3より，Dが1回転するごとに，糸は約15×4＝60(㎝)まき取ることができるから，求める長さは，約60×900＝54000(㎝)，つまり，約540mである。

(3) 繭1個から取れる糸の重さは，約2×0.2＝0.4(g)で，そのうち生糸となるのは，約0.4×0.85＝0.34(g)。1反の絹織物には生糸が約900g必要なので，900÷0.34＝2647.0…より，必要な繭の数は約2600個である。

【問4】

(1)① 問題のあとのメモから，タイルカーペットはカットして使うことができるとわかるので，
(部屋の面積)÷(1枚あたりのタイルカーペットの面積)から，必要な枚数を求めることができる。

② 部屋は，縦(短い方)が2.7m＝270㎝，横(長い方)が3.6m＝360㎝だから，基準線によって4等分された
長方形の縦は270÷2＝135(㎝)，横は360÷2＝180(㎝)である。

❸のように並べると，4等分された長方形1つに対して，タイルカーペットは，135÷50＝2余り35より縦に
2枚，180÷5＝3余り30より横に3枚カットしないでしくことができる。よって，全部で(2×3)×4＝
ぁ24(枚)カットしないでしくことができる。

タイルカーペットを部屋の隅からしきつめる場合，タイルカーペットは，270÷50＝5余り20より縦に5枚，
360÷50＝7余り10より横に7枚カットしないでしくことができる。よって，全部で5×7＝ぃ35(枚)カットし
ないでしくことができる。

③ タイルカーペット39枚の面積の和は(50×50)×39＝97500(㎠)，部屋の面積は270×360＝97200(㎠)だから，
余ったタイルカーペットの面積は，97500－97200＝300(㎠)

(2) オンラインストアで10枚セットを買うと，送料がかからず1枚あたり2500÷10＝250(円)となる。
よって，1～9枚のときについて，送料を含めた1枚あたりの料金が400円より低くなる枚数を探す。
送料は650円で一定なので，たくさん買った方が1枚あたりの料金は低くなる。
1枚あたりの料金は，4枚のとき，{(250×4)＋650}÷4＝412.5(円)，5枚のとき，{(250×5)＋650}÷5＝
380(円)となるので，求める枚数は，5枚である。

(3) 正五角形の内角の和は，180°×(5－2)＝540°である。
しきつめた図形について，ある1つの点に集まった角の大きさの和は，360°となる。よって，同じ正多角形を
しきつめる場合，1つの内角の大きさは360の約数でなければしきつめることができない。

(4)① タイルカーペットを並べる方向として，ＢＣを，縦の向きに並べる
方法と横の向きに並べる方法の2通りが考えられる。
まず，ＢＣを縦の向きに，図ⅰのように並べていく方法を考える。
奇数段目と偶数段目で並べるのに必要な横の長さが異なることに注意する。
図7について，図ⅱのように作図すると，6つの正三角形ができる。
$ＡＧ＝\frac{1}{2}ＡＤ＝25(㎝)$，$ＡＨ＝\frac{1}{2}ＡＧ＝12.5(㎝)$

よって，タイルカーペットは，縦に1つ多くしきつめるごとに，ＨＤ＝50－12.5＝37.5(㎝)長くなり，横に1つ
多くしきつめるごとに，ＢＦ＝43.3(㎝)長くなる。図8のしく場所の縦は2m＝200(㎝)で，最初の1枚目を除く
とあと200－50＝150(㎝)あるから，縦にあと150÷37.5＝4(枚)多くしきつめられる。よって，縦は全部で5段
分しきつめられる。図8のしく場所の横は1.5m＝150(㎝)だから，
150÷43.3＝3余り20.1より，1，3，5段目の横には3枚しきつめられる。
2段目の左端は43.3÷2＝21.65(㎝)すきまがあくので，(150－21.65)÷43.3＝
2余り41.75より，2，4段目の横には2枚しきつめられることがわかる。
以上より，しきつめられる枚数は，3×3＋2×2＝13(枚)
また，実際にしきつめた場合は，図ⅲのようになる。

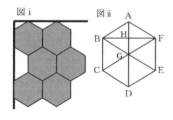

次に，ＢＣを横の向きに並べていく方法を考える。図8のしく場所の横は150cmで，最初の1枚目を除くとあと150−50＝100(cm)あるから，100÷37.5＝2余り25より，横にあと2枚多くしきつめられるので，横は全部で3列分しきつめられる。図8のしく場所の縦は200cmだから，200÷43.3＝4余り26.8より，1，3列目に4枚しきつめられる。

横2列目の上は21.65cmすきまがあくので，(200−21.65)÷43.3＝4余り5.15より，横2列目も4枚しきつめられる。

以上より，しきつめられる枚数は，4×3＝12(枚)

また，実際にしきつめた場合は，図ivのようになる。

図iv

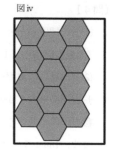

よって，ＢＣを縦の向きに並べた方が，カットしないタイルカーペットをより多く並べることができるので，求める枚数は13枚である。

② カットしたものはすべて使うので，図7と大きな正六角形の面積の比がわかれば，必要な枚数がわかる。①の解説より，図7の正六角形の一辺の長さはＡＢ＝ＡＧ＝25cmだから，図7と大きな正六角形の一辺の長さの比は25：75＝1：3であり，面積の比は，(1×1)：(3×3)＝1：9

よって，タイルカーペットは9枚必要である。

《解答例》

【問1】(1)あ. 最後の「だ」を言うのと同時にふり向く　い. スタートラインにもどる　(2)だるまさんがころんだは
親がもう一度親になるが, レッドライト・グリーンライトはタッチした子が親になるというちがい。
(3)親につかまっている子がいる状きょうといない状きょう。　(4)親が親を

【問2】(1)①量　②い. エ　う. オ　え. イ　お. ア　か. ウ　(2)①き. しるもれしない（ということ）
く. たくさん入る（こと）　け. 保温　②デザイン
(3)①［観点／ヒノキ／サワラ］［性質／ねばりがあり, われにくい／やわらかく, われやすい］
［適した加工／曲げる／わる, 切る, けずる］　②側板…ヒノキ　ふた板・底板…サワラ

【問3】(1)あ. 休けいし設［別解］休けい所　い. 高速道(路)　う. 一ぱん道(路)　(2)災害時に地いきの防災きょ点
となる働き（下線部はひなん場所でもよい）　(3)え. 地元／その土地／地場 などから1つ　お. 季節限定　か. 46
き. 農産物直売所　く. 大きい／高い／多い のうち1つ　(4)住民へ安心なくらしを届ける…ア, カ, ク
産業振興に取り組む…ウ, オ, ケ　地域外からの活力を呼ぶ…イ, エ, キ　(5)け. キ　こ. ケ　さ. コ
し. ク　す. ウ

【問4】(1)「自分だけのものの見方」で作品をとらえ,「自分なりの答え」を手に入れること。　(2)他人の評価や意見
で行動したことを自分で選たく・決断したように感じ, 自分だけのものの見方・考え方を失っていることに気
付いてすらいないこと。　(3)(例文)①わたしは, なん民問題について学び, 自分にもできることとして, 支え
ん物資を送ることを考えた。どのように物資を集めればよいかを考えるうちに, 物資を送るだけでは何も解決
しないというし点で, ②なん民が生まれない世界にしなければならないと考えた。そこから, ③なん民が生まれ
ない世界にするためにできることは何かという問いを立て, なん民が生まれる理由を調べた。こうした思考プ
ロセスを, 筆者は「アート思考」と言っている。

《解説》

【問1】

(1)あ　直前で太郎さんが言ったことを受けて, 花子さんは「親がふり向くタイミング」のちがいについて話している。　あ　の直前に「レッドライト・グリーンライトは,（親が）突然言葉を言ってふり向くのに対して」とあるので,　あ　には「だるまさんがころんだ」の親がふり向くタイミングの説明が入るとわかる。「だるまさんがころんだ」のルールの③に,「最後の『だ』を言うのと同時に子の方をふり向く」とある。　い　「レッドライト・グリーンライト」で子が「指名されると」どうするかは,「レッドライト・グリーンライト」のルールの④に,「子は, 親に指名されたら, スタートラインにもどり, 再びゲームに参加する」とある。　い　の直後に「再チャレンジできる」とあるのもヒントとなる。

(2)　「だるまさんがころんだ」のルールの⑦に「タッチされた親は, 次のゲームでも親を続ける」とある。「レッドライト・グリーンライト」のルールの⑥に「親は, 子にタッチされたら, その子と親を交代する」とある。このちがいを説明する。

(3)　「だるまさんがころんだ」のルールの⑦と⑧に,「子が親にたどり着いたときの状きょう」のちがいが説明されている。「子が親にたどり着いたときに, 親につかまっている子がいない場合」と「子が親にたどり着いたときに, 親につかまっている子がいる場合」では, その後の動きが変わるのである。

(4)　「レッドライト・グリーンライト」では, 親は, 子にタッチされたら負けで, 親をゆずらなければならない。

つまり，親は親を続けようとする，子は親になろうとすることで，遊びが成立すると言える。一方「だるまさんがころんだ」では，オニである親は，次の親をつかまえるためにゲームをしている。つまり，親は親を交代したいのであり，子は親にならないようにしているので，親が親を続けようとすると遊びが成立しない。

【問2】

(1)① | あ | の下の分類が「一食の量」と「ご飯の量」であることから，「量」が適する。　②　い．| い | の下の分類に「保温カバー付き」とあるので，エの「保温・保冷」が適する。　う．| う | の下の分類に「パッキンによる密閉<ruby>密閉<rt>みっぺい</rt></ruby>」「ふたをロックできる」とあるので，オの「しるもれしない」が適する。　え．| え | の上の分類が「省スペース」であり，同じ並びに「食後に重ねられる」とあるので，イの「食後にたためる」が適する。お．| お | と同じ並びに「保温カバー付き」とあり，温度を保つ分類だと考えられるので，アの「保冷剤付き<ruby><rt>ほれいざい</rt></ruby>」が適する。　か．| か | の上の分類が「ご飯とおかずを分けて入れる」なので，ウの「仕切り付き」が適する。

(2)① | き || く || け | のある図5は，太郎さんがお弁当箱を選んだ理由を<ruby>優先<rt>ゆうせん</rt></ruby>順に並べたもの。太郎さんが「保温についてはあまり考えていなかったけれど，<u>しるもれしない</u>ということや，<u>たくさん入る</u>ことは必要だと考えたよ」と言っていることから優先順位が読み取れる。　②　花子さんがお弁当箱を選ぶときに一番大事にしたのは，「ハート型」であること。太郎さんがお弁当箱を選ぶときに一番大事にしたのは，「赤」色であること。「ハート型」も「赤」も，図1の「デザイン」にふくまれる。

(3)①　木のお弁当箱を作るためには，どのような性質の木であるのか，切ったり曲げたりするのに適しているかを判断する必要がある。資料を見ると，ヒノキは「ねばりがあり，<ruby>割れ<rt>わ</rt></ruby>にくい性質がある。曲げる加工にも適しており，うすい板でも曲げることができる」とあり，サワラは「<ruby>柔らかく<rt>やわ</rt></ruby>，割れやすい性質がある。割る，切る，<ruby>削る<rt>けず</rt></ruby>という加工に適しており，曲線にも切断しやすい」とある。　②　図7を参照。「側板」は1枚のうすい板を曲げて作るので，「うすい板でも曲げることができる」とあるヒノキが適する。「ふた板・底板」は，小判型に切る必要があるので，「曲線にも切断しやすい」とあるサワラが適する。

【問3】

(1)　資料1より，道の駅は「休けいのための空間が一ぱん道路にもほしい」という要望に応えてつくられたことを読み取る。資料2より，サービスエリアは「高速道路の休けいし設」としてつくられたことを読み取る。

(2)　災害時，道の駅は，ひなん場所，情報発信し設，救援物資の配布し設として働く。

(3)| え |　資料5より，地場産品である土産品が選ばれやすいこと，資料6より，地元でとれた食材を使っている食事が選ばれやすいことを読み取る。資料7より，旬の地元食材を活用した地場産品つくりに取り組む道の駅が60%あることを読み取る。　| お |　資料7より，季節限定商品・サービスを販売する道の駅が45%あることを読み取る。
| か |　資料4より，「観光客中心」の道の駅は，7割～8割の32%と9割以上の14%を合わせた46%になる。
| き・く |　資料3より，農産物直売所を運営している道の駅の割合は，「観光客中心」が72%，「近隣居住者中心」が89%であり，「近隣居住者中心」の割合の方が大きい。

(4)**「住民へ安心なくらしを届ける」**　アとカは代行サービス，クは見守り隊によって高齢者のくらしを活性化させている。　**「産業振興に取り組む」**　ウとオとケは，農業の振興を活性化させている。
「地域外からの活力を呼ぶ」　イは旅行者，エは観光客，キは移住者の活力を呼んでいる。

(5)| け・こ |　資料3より，観光し設や体験プログラムを運営している道の駅があることから，ひとを呼ぶための目的地となっていることを読み取る。　| さ・し |　カードのアとクより，高齢者への福祉サービスが行われていることを読み取る。　| す |　カードのケより，定年退職後，農産物を販売することが高齢者の生きがいとなっていることを読み取る。

【問4】

著作権に関係する弊社<ruby><rt>へいしゃ</rt></ruby>の都合により本文を非掲載<ruby><rt>ひけいさい</rt></ruby>としておりますので，解説を省略させていただきます。ご不便をおかけし申し訳ございませんが，ご<ruby>了承<rt>りょうしょう</rt></ruby>ください。

《解答例》

【問1】(1)高さ…100　横はば…176　　(2)①求め方…2倍にした高さ，横はばは，それぞれ，$x×2$(cm)，$y×2$(cm)と表せる。高さ，横はばを，それぞれ2倍にしたときの画面の面積は，$(x×2)×(y×2)＝x×2×y×2＝x×y×4$(cm²)になる。もとの画面の面積は$x×y$(cm²)なので，高さ，横はばがそれぞれ2倍になると，面積は4倍になる。　あ．4　②55　(3)エ　(4)9，150950

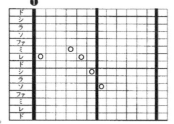

【問2】(1)80　(2)あ．1　い．3　(3)38.4　(4)右図

(5)求め方…4分の3びょう子の曲16小節は，四分音ぷ48個分。四分音ぷ48個分を36秒で演そうしたので，1秒間に演そうした四分音ぷの個数は，$48÷36＝\frac{4}{3}$。1分は60秒だから，$\frac{4}{3}×60＝80$。♩＝80

【問3】(1)①…❶生地の高さの平均を求めている。　❷単位をmmからcmに変えている。

❸直方体の体積を求めている。　②60℃では90分たっても生地の体積が300cm³をこえず3倍にならないから。

(2)ドライイーストだけでなくさとうも増やしているので，どちらが原因でより早く大きくふくらんだかわからないから。　　(3)実験から，生地の下にとじこめられた空気が温められて体積が増えたため，アの方が大きくもり上がることがわかる。同じように，パンの生地の中にとじこめられた気体も温められて体積が増えるから。

【問4】(1)測定にはご差があるので，複数回測定し平均を求めることで，より信らいできるあたいが得られること。

(2)液体石けん…102　水…68　(3)①c…ウ　d…エ　②金属球が動くことによって，管の中を液体石けんがあみ目に向けて上に移動する。同時に空気がふくらみからあみ目に移動し，あみ目のあなについた液体石けんを空気がおし出すことであわになってノズルの先から出てくる。

《解　説》

【問1】

(1)　表1の10インチ，50インチ，60インチ，70インチの横はばに注目すると，画面サイズが$50÷10＝5$(倍)，$60÷10＝6$(倍)，$70÷10＝7$(倍)になると，横はばも$110÷22＝5$(倍)，$132÷22＝6$(倍)，$154÷22＝7$(倍)となるから，画面サイズと横はばは，比例しているとわかる。同様に，画面サイズと高さも比例しているとわかるので，$80÷10＝8$より，80インチの型の画面の高さは$12.5×8＝100$(cm)，横はばは$22×8＝176$(cm)

(2)①　解答例以外にも，右図を利用することで，面積が4倍になることを説明できる。

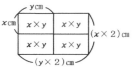

②　2.0m＝200cm，2.1m＝210cm，$200÷3＝66.6…$，$210÷3＝70$より，画面の高さがおよそ66.7cm～70cmのテレビを選べばよいので，求める画面サイズは，55インチである。

(3)　各テレビが満たしている条件を，右のように表にまとめて整理する。BとCが条件に合うとわかる。

	父	母	姉	陽
A		②		①
B	①	①	②	②
C	②	①②	①	②
D		①	②	

(4)　BとCの価格の差は，$128000－110000＝18000$(円)である。また，1年間の電気代は，CよりBの方が$4625－2550＝2075$(円)安い。

$18000÷2075＝8$余り1400より，BがCより価格と電気代の合計が安くなるのは，$8＋1＝9$(年間)使ったときであり，そのときのBの価格と電気代の合計は，$128000＋2550×9＝150950$(円)

【問2】

(1)　1小節は四分音ぷが4つ分入るから，1小節分を演そうするには，ハンドルを2×4＝8(回)まわす。

よって，10小節分を演そうするには，ハンドルを8×10＝80(回)まわす必要がある。

(2)　八分音ぷの長さは，四分音ぷの半分だから，八分音ぷ1つ分は2÷2＝ぁ1(マス)

付点四分音ぷの長さは，四分音ぷと八分音ぷの長さの合計だから，付点四分音ぷ1つ分は2＋1＝い3(マス)

(3)　「信濃の国」のオルゴールシートには，四分音ぷが4×10＝40(個分)入っている。「冬げしき」のオルゴール

シートには，四分音ぷが3×16＝48(個分)入るから，求める長さは，$32 \times \frac{48}{40} = 38.4$(cm)

(4)　❶から❷までには，付点四分音ぷ(3マス)の「レ」と，八分音ぷ(1マス)の「ミ」「レ」「シ」がある。

❷から❸までには，二分音ぷの「ソ」と，四分休ふ(2マス)がある。

二分音ぷの長さは四分音ぷの長さの2倍だから，二分音ぷ1つ分は2×2＝4(マス)であり，休ふに〇印は書か

なくてよいので，解答例のようになる。

(5)　(3)より，「冬げしき」の16小節は，四分音ぷ48個分なので，解答例のように求めることができる。

【問3】

(1)①　❶生地の一番高い所の高さと一番低いところの高さの和を2で割ることで，平均の高さを求める。　❷体積

を求めるには単位をそろえる必要がある。10 mm→1 cmより，10 で割れば mmから cmに単位を変えることができる。

❸容器の底面は一辺6cmの正方形だから，体積は6×6×8＝288(cm³)となる。　②　グラフより，25 分以降で

は，40℃よりも60℃のほうが体積が小さくなっていることがわかる。

(2)　ある条件について調べたいときは，その条件だけが異なる2つの実験の結果を比べる。この場合，さとうとド

ライイーストの2つの条件が異なるので，結果のちがいがさとうによるものかドライイーストによるものかわから

ない。

(3)　空気は温められると体積が大きくなる。図4のアとイで，生地の下にとじこめられた空気の量に着目する。ア

の方が生地の下にとじこめられた空気の量が多いので，大きくもり上がる。ドライイーストが死んでしまってもパン

の生地がふくらむのも同じで，パンの中に閉じこめられた気体がふくらことによって起こる現象である。

【問4】

(1)　例えばふりこの実験では，測定ご差をなくすために，10往復にかかる時間を数回測定してその平均値を求め，

その値を10で割って1往復の時間を求める。

(2)　下線部bでは，全体の体積に対する液体石けんの割合が 60%になるようにするので，液体石けんが 170×0.6

＝102(mL)，水が170−102＝68(mL)である。

(3)① c　ウ〇…ノズルが下がっていく間にノズルの先から色水が出る。これは，B室からA室に色水が押し出さ

れるからである。このとき，金属球ⅠとA室は離れていて，金属球ⅡとB室は接している。

d　エ〇…ノズルが上にもどっていく間に管の下から色水が吸いこまれる。このとき，色水がB室に入るように，

金属球ⅡとB室は離れていて，ノズルの先から色水が出ないように，金属球ⅠとA室は接している。　②　図9

～11のストローに息を吹き入れる実験をヒントに考えよう。液体石けんがDのあみ目でとどまったときに空気の力

で押し出されることで，液体石けんがあわになってノズルの先から出てくることがわかる。

━《解答例》━

【問1】(1)①森林土じょうの石や砂のそうを通過する過程で，混じり物が取りのぞかれたり，化学物質がすい取られたりした地下水を主な水源としているから。　②A．イ　B．ア　C．ケ　D．エ　E．コ　(2)①水温が一定に保たれている。　②エ

【問2】(1)①ア．2　イ．4　ウ．5　②全国から回収する／全国の国民の参加　(2)イ→ア→オ→エ
(3)①A．文化や社会，価値観が変わる　B．自然との調和　C．スポーツを通した社会参加　D．新たな未来
②イ

【問3】(1)①ア　②エ　③コ　④ウ　⑤カ　(2)ア．大きぼスーパー　イ．専門スーパー　ウ．大型店へ行く客のぞう加
エ．ちゅう車場　オ．16.6　カ．小売店　キ．1　(3)[具体的な事例／利用者の感想]　a．[イ／あ]
b．[ウ／え]　c．[エ／う]　d．[ア／い]　②人とのつながりを感じられること。

【問4】(1)世界人口が増え続ける／食料不足　(2)イ　(3)こん虫の個体数が少なくなったことに加え、ニワトリやブタなどの安価なタンパク源がかん単に入手できるようになったから。

(4)(例文)

　筆者は、えさから体へのエネルギーの転かんこう率がいいこと、次々に育つから多くの収量を得られることを理由に、こん虫が主要な食料になるとしている。わたしも、こん虫は主要な食料になると考える。

　食肉のじゅ要増加による動物性タンパク質の不足を考えると、タンパク源としてこん虫は有効だと思うからだ。前にイナゴを食べた時、見た目にさわぐ人がいたが、粉末にした商品もあるので、見た目の問題も解決できるだろう。

━《解　説》━

【問1】

(1)①　資料2より，主な水源が東京都は地表水であるのに対して，A市は地下水であるとわかる。それを踏まえて資料4を見ると，地下水は雨水が森林土壌に浸透してできること，その過程で石や砂の層を通過する時にちりやごみなどの混じり物が取り除かれたり，化学物質が吸い取られたりして水がきれいになっていくことがわかる。

②Ａ　イを選ぶ。資料1より，高度浄水処理やろ過などが浄水場で行われていることから導く。

Ｂ・Ｃ・Ｄ・Ｅ　①の解説参照。

(2)①　養殖業の方の「適度で一定の水温」と，酒造会社の方の「水温が18℃に保たれている」が共通している。

②　エ．市役所の方の「地震などで水道が使えなくなったとき」，水道企業団の方の「長時間水道が使えなくなったとき」から災害を導く。

【問2】

(1)①ア・イ　それぞれの「当てはまる理由」に着目して，資料1で対応するコンセプトを選ぶ。アは「再生可能資源の利用」から〈2〉，イは「多様な人の参加」から〈4〉を選ぶ。　ウ　「取り組み」の「全国から〜回収して」が，資料1〈5〉の「国民参加型プロジェクト」と対応している。

(2)　ウ→イ→ア→オ→エの順。水が蒸発するときに，熱をうばう吸熱反応が起きることを利用している。

(3)①Ａ　資料4の3つめの▷に「東京 2020 大会を振り返った時に…持続可能な社会の実現に向けて，文化や社会，

価値観が変わるきっかけになったと国内外で評価される大会にしたい」とある。　　B　資料3に「冬季オリンピックでは自然との調和が重要」とある。　　C　資料4の1つめの▷に「東京1964パラリンピックは，日本の障がいのある人のスポーツを通した社会参加を促す契機となった」とある。　　D　資料4の2つめの▷に「日本・東京は，率先して世界に対して解決策を提示し，新たな未来を示す」とある。　　②　最後の「新たな未来に向け，自分にできることを見つけて，取り組んでいきたい」から，イを導く。

【問3】

(1)①　ア．おばあさんの家からの直線距離は，コンビニエンスストアが500m，中小スーパーAが1500m，中小スーパーBが600mほどである。　　②　エ．1000mが1kmだから，500mは0.5kmである。　　④　ウ．道路にそって歩くと，中小スーパーB→コンビニエンスストア→中小スーパーAの順に近い。　　⑤　カ．おばあさんの家から中小スーパーBまでの距離は，地図の左下のスケールバー6本半分あるので，300×6.5＝1950(m)となり，約2kmとわかる。

(2)ア・イ　資料2より，2003年以降，大きぼスーパーと専門スーパーで買い物をする消費者の割合の合計が70%以上であることがわかる。さらに，「自動車で行きやすい」アを大きぼスーパー，イを専門スーパーと判断する。　エ　「広い」「自動車」からちゅう車場を導く。　　キ　1割は10%である。

(3)①具体的な事例　それぞれの「取り組みの視点」から，「具体的な事例」と対応する文言を見つける。　a．イを選ぶ。「販売する店を作る」が「スーパーを開店した」と対応する。　b．ウを選ぶ。「送りむかえする」が「お出かけツアー」と対応する。　c．エを選ぶ。「商品を自宅まで届け（てくれ）る」が対応する。　d．アを選ぶ。「移動型の店」が「自動車内で調理して販売している」と対応する。　利用者の感想　それぞれの「具体的な事例」から，「利用者の感想」と対応する文言を見つける。　a．「あ」を選ぶ。イの「高校3年生は…スーパーを開店した」が「若い人が…活動して」と対応する。　b．「え」を選ぶ。ウの「お年寄りの『お出かけツアー』」が「年の近い皆さんと…一緒に出かけ」と対応する。　c．「う」を選ぶ。エの「魚や野菜」が「生鮮食品」と対応する。　d．「い」を選ぶ。アの「こんがりあげたコロッケ」が「作りたて」と対応する。　　②　「あ」の「若い人と話す」，「い」の「お店の人と話しながら」，「う」の「気づかってくれる」，「え」の「おしゃべりしたり，一緒に出かけたり」から，人とのつながりを導く。

【問4】

(1)　昆虫食を国連食糧農業機関が推奨しているのはなぜか，理由をメモから読みとる。メモには「二〇五〇年には世界人口は九十七億人に」「二〇五〇年には〜二倍の食料が必要」「食肉の需要増加」「動物性タンパク質の不足」とある。これらから読みとれるのは，人口増加による，食料不足の問題である。

(2)　筆者自身の高尾599ミュージアムでの企画展の話や，昆虫食の具体例，動物のエネルギーの転換効率の数字，昆虫食をあつかった本の書名など，具体例を多く挙げているので，イが適する。

(3)　「今はそうではない」（＝今は昆虫食が一般的でない）理由にあたるのは，2〜4行後の「日本では昆虫の個体数が少なくなったことに加え，ニワトリやブタなどの安価なタンパク源が簡単に入手できるようになって，昆虫食の伝統は急速に廃れてしまった」の部分。

《解答例》

【問1】(1)135　　(2)5　　(3)ア

【問2】(1)あ. 平均(値)〔別解〕合計を9でわった値　い. 162　う. 4　え. 20（うとえは順不同）

　　　　(2)27.2〔別解〕27　　(3)①直角二等辺三角形　②右図　③28.2〔別解〕28

【問3】(1)1.1　　(2)あ. 40　い. 40　う. 4　　(3)水面より上に出ている氷の体積

　　　　(4)大陸の上にのっていて，その氷がとけて水が海に流れこむ

【問4】(1)水そうの中に95℃の湯を入れ，その中にみそ汁の入ったビーカーを入れる。（図は右図）

　　　　(2)水面に発ぽうスチロールの破へんをいくつかうかべる　　(3)表面に比べて中は冷めにくい

　　　　(4)う. 2.5　え. G　お. 大きい　か. 小さい　き. E　く. F（きとくは順不同）

【問5】(1)E　　(2)記号…ウ　時間…37　　(3)6（回），7（回）

湯	みそ汁	

《解　説》

【問1】

(1)　表1より，ユリは，8枚の葉で3周しているので，360×3＝1080（°）を8等分して，135°になる。

(2)　144と360の最小公倍数に着目すればよい。144の倍数は¹番144，²番288，³番432，⁴番576，⁵番720…，となる。これらのうち，720が360の倍数だから，0の葉と重なって見える位置にある最初の葉の番号は5である。

(3)　ア○…植物の葉に日光が当たると，水と二酸化炭素を材料にして，でんぷんと二酸化炭素をつくり出す光合成が行われる。

【問2】

(1)　いくつかの値の集まりから代表となる値を1つ決めるとき，「出てくる回数が1番多い値」や，「値を大きい順に並べた真ん中の値」以外では，「ぁ平均を計算した値」を使うことが多い。「平均を計算した値」のことを平均値といい，9つの値の合計を9でわった値だから，実際に計算すると，

(21＋24×3＋25×2＋26＋32＋33)÷9＝26（cm）となる。

段数は81段あるので，1段の高さが2cmちがうと，最上階の高さは2×81＝ぃ162（cm）ちがってくる。

25×81の計算について，心さんのセリフから100をつくることを考える。100＝25×4なので，25を4個で1セットとし，25×81に25が何セットあるか考える。25×81には25が81個あるから，81÷4＝20余り1より，25が20セットと1個あるとわかる。したがって，25×81には25×4が20セットと25が1個あるから，

25×ぅ4×ぇ20＋25＝100×20＋25＝2000＋25＝2025となる。

(2)　最上階の床までの高さとしゃちほこの上までの高さの実際の比は，写真上の長さの比と等しく5：6.8だから，実際のしゃちほこの上までの高さは，最上階の床までの高さの$\frac{6.8}{5}$倍である。

よって，松本城の高さは，20×$\frac{6.8}{5}$＝27.2（m）である。

なお，こころさんのセリフの「最上階の床までの高さは2025cmだから，約20mだね。」から，求める高さ（m）の小数点以下を四捨五入してもよいと考えられるので，松本城の高さを27mとしてもよい。

(3)①　角ABC＝45度，角ACB＝90度なので，角BAC＝180－(90＋45)＝45（度）である。

よって，三角形ABCは直角二等辺三角形である。このとき，BC＝ACなので，木までのきょりと目の高さを

たすと木の高さが求められる。

② DEは，たて2マス，横7マスの長方形の対角線である。よって，同じようにEを1つの頂点としたたて2マス，横7マスの長方形の対角線のうち，対角線が通路上にあるものをEFとすると，解答例のようになる。

③ EFの長さは，0.5×54＝27(m)なので，松本城の高さは，27＋1.2＝28.2(m)である。

なお，(2)と同じ理由から，松本城の高さを28mとしてもよい。

【問3】

(1) 注射器に入れた水の体積が30cm³のときで求めると，33÷30＝1.1(倍)になる。水の体積が40cm³，50cm³のときで求めても同様に1.1倍になる。

(2) あ，い．図5で，氷をうかべた後の水面の高さが示す目盛りが90cm³だから，水に氷をうかべる前後の目盛りの差は90－50＝40(cm³)であり，これが水面より下にある氷の体積である。　う．うかべた氷の体積は44cm³だから，44－40＝4(cm³)が，水面より上に出ている氷の体積である。

(3) 「44cm³の氷は40cm³の水になる」とある。したがって，氷がとけて水になるときに減る体積は44－40＝4(cm³)であり，これは(2)で求めた「水面より上に出ている氷の体積」と等しい。

(4) 海にうかんでいる北極海の氷がとけても海面は上昇しないが，陸の上にある南極大陸の氷がとけて水が海に流れこめば，その分だけ海面が上昇するということである。

【問4】

(1) 先生の「ビーカーのかべの付近では，みそ汁は冷やされて下の方へ流れます」という発言から，みその粒の動きを逆にするには，ビーカーのかべの付近でみそ汁があたためられるようにすればよいと考えられる。

(2) 実験のAは予想のア，実験のBは予想のイについて確かめるものだから，実験のCは予想のウについて確かめるものにすればよい。実験のDと，A～Cのそれぞれを比べることで，どの条件がみそ汁を冷めにくくしているのかを確かめることができる。グラフより，どの条件もみそ汁を冷めにくくしていると考えられるが，冷めにくい順に並べるとC，B，Aとなる。

(3) 表面は空気にふれて冷やされるが，冷えた部分が下に移動しにくい(あたたかい部分が上に移動しにくい)ので，中は熱いままになっている。

(4) う，え．Gに入れた湯は，体積がFと同じだから(2×2×3.14)×4＝50.24(cm³)である。Gの底面積はEと同じ4×4×3.14＝50.24(cm²)だから，Gでは高さ50.24(cm³)÷50.24(cm²)＝1(cm)まで湯が入っている。したがって，Gの湯の表面積は，上面＋下面＋側面＝50.24＋50.24＋(4×2×3.14)×1＝125.6(cm²)であり，湯1cm³あたりの，空気やビーカーにふれる面積は，125.6÷50.24＝2.5(cm²)である。湯1cm³あたりの，空気やビーカーにふれる面積が一番大きいGの湯が一番冷めやすい。　お，か．液体の体積が同じFとGではビーカーの大きさが大きいGの方が，ビーカーの大きさが同じEとGでは液体の体積が小さいGの方が冷めやすい。　き，く．Eが一番冷めにくいから，食べる直前まではEのように大きな容器に大量のみそ汁が入っている状態にしておく。食べるときにはFのように，1人1人の小さな容器に対してみそ汁の体積ができるだけ大きくなるようにする。Eが鍋，Fがお椀と考えればよい。

【問5】

(1)　各料理に使われている主な食品のグループは，右表のようになる。チャーハ

ンと白玉だんごでA，B，Cの食品がとれるので，おかずと汁物でDとEの両方
の食品がとれれば下線部aを満たすことになる。したがって，下線部aを満たさ
ない献立<ruby>献立<rt>こんだて</rt></ruby>は，Eの食品がとれない，スクランブルエッグとコーンスープの組み合
わせである。よって，補うのはEの食品である。

チャーハン	A，B，C
白玉だんご	A，C
野菜いため	B，E
スクランブルエッグ	B，C，D
コーンスープ	D，E
わかめスープ	B，D

(2)　野沢菜チャーハンととうふのみそ汁は盛りつけ後5分以内に食べ始めなければならないが，ゆで野菜サラダ
と白玉だんごは，それぞれd，hの手順から盛りつけるまでに5分以上かかるので，ａｂｃ，ｅｆｇの後にdま
たはhがあるアとイはふさわしくない。

4つの調理は同時進行で行っていることに注意する。調理を始めてからd，hの手順が終了するまでにかかる時
間は，それぞれ5＋15＝20(分)，8＋10＋4＝22(分)であり，ａｂｃ，ｅｆｇの作業から盛りつけが終了するま
でにかかる時間は，それぞれ5＋3＋2＋2＝12(分)，10＋4＋1＋2＝17(分)である。ウの順番でかかる時間
は，左が22＋12＝34(分)，右が20＋17＝37(分)だから，ウの順番で調理するとかかる時間の最短は37分である。
エの順番でかかる時間は，左が20＋12＝32(分)，右が22＋17＝39(分)だから，エの順番で調理するとかかる時間
の最短は39分である。よって，ふさわしいのはウで，求める時間は37分である。

(3)　とうふの数は，水平に1回切ると1＋1＝2(個)，2回切ると2＋1＝3(個)，
3回切ると3＋1＝4(個)と増えるので，○回切ると(○＋1)個になる。

たて，横に切った場合も同じように考えられるので，水平に○回，たてに△回，
横に□回切ったあとのとうふの数は，(○＋1)×(△＋1)×(□＋1)個となる。

切ったあとのとうふは24個あり，水平，たて，横に必ず1回は切っているので，

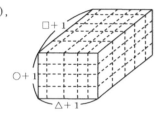

24を3つの2以上の整数のかけ算で表せばよい。まず，24を2つの2以上の整数のかけ算で表すと，
24＝2×12，3×8，4×6となり，下線部分の数字をそれぞれ2つの2以上の整数のかけ算で表すと，
12＝2×6，3×4，8＝2×4，6＝2×3となる。これらのことから，24を3つの2以上の整数のかけ算で
表すと，2×2×6，2×3×4の2通りあるとわかる。したがって，水平，たて，横のいずれかに2－1＝1(回)，
3－1＝2(回)，4－1＝3(回)，または，2－1＝1(回)，2－1＝1(回)，6－1＝5(回)切ればよい。
よって，とうふは全部で1＋2＋3＝6(回)，または，1＋1＋5＝7(回)切ったと考えられる。

■ ご使用にあたってのお願い・ご注意

（1）問題文等の非掲載

　著作権上の都合により，問題文や図表などの一部を掲載できない場合があります。

　誠に申し訳ございませんが，ご了承くださいますようお願いいたします。

（2）過去問における時事性

　過去問題集は，学習指導要領の改訂や社会状況の変化，新たな発見などにより，現在とは異なる表記や解説になっている場合があります。過去問の特性上，出題当時のままで出版していますので，あらかじめご了承ください。

（3）配点

　学校等から配点が公表されている場合は，記載しています。公表されていない場合は，記載していません。

　独自の予想配点は，出題者の意図と異なる場合があり，お客様が学習するうえで誤った判断をしてしまう恐れがあるため記載していません。

（4）無断複製等の禁止

　購入された個人のお客様が，ご家庭でご自身またはご家族の学習のためにコピーをすることは可能ですが，それ以外の目的でコピー，スキャン，転載（ブログ，ＳＮＳなどでの公開を含みます）などをすることは法律により禁止されています。学校や学習塾などで，児童生徒のためにコピーをして使用することも法律により禁止されています。

　ご不明な点や，違法な疑いのある行為を確認された場合は，弊社までご連絡ください。

（5）けがに注意

　この問題集は針を外して使用します。針を外すときは，けがをしないように注意してください。また，表紙カバーや問題用紙の端で手指を傷つけないように十分注意してください。

（6）正誤

　制作には万全を期しておりますが，万が一誤りなどがございましたら，弊社までご連絡ください。

　なお，誤りが判明した場合は，弊社ウェブサイトの「ご購入者様のページ」に掲載しておりますので，そちらもご確認ください。

■ お問い合わせ

　解答例，解説，印刷，製本など，問題集発行におけるすべての責任は弊社にあります。

　ご不明な点がございましたら，弊社ウェブサイトの「お問い合わせ」フォームよりご連絡ください。迅速に対応いたしますが，営業日の都合で回答に数日を要する場合があります。

　ご入力いただいたメールアドレス宛に自動返信メールをお送りしています。自動返信メールが届かない場合は，「よくある質問」の「メールの問い合わせに対し返信がありません。」の項目をご確認ください。

　また弊社営業日（平日）は，午前９時から午後５時まで，電話でのお問い合わせも受け付けています。

2025 春

株式会社教英出版

〒422-8054　静岡県静岡市駿河区南安倍３丁目 12-28

TEL　054-288-2131　　FAX　054-288-2133

URL　https://kyoei-syuppan.net/

MAIL　siteform@kyoei-syuppan.net

K教英出版 2025　16 の 1　長野県立中

教英出版　2025年春受験用　中学入試問題集

学校別問題集
★はカラー問題対応

北　海　道
①[市立]札幌開成中等教育学校
②藤　女　子　中　学　校
③北　嶺　中　学　校
④北星学園女子中学校
⑤札　幌　大　谷　中　学　校
⑥札　幌　光　星　中　学　校
⑦立命館慶祥中学校
⑧函館ラ・サール中学校

青　森　県
①[県立]三本木高等学校附属中学校

岩　手　県
①[県立]一関第一高等学校附属中学校

宮　城　県
①[県立]宮城県古川黎明中学校
②[県立]宮城県仙台二華中学校
③[市立]仙台青陵中等教育学校
④東　北　学　院　中　学　校
⑤仙台白百合学園中学校
⑥聖ウルスラ学院英智中学校
⑦宮　城　学　院　中　学　校
⑧秀　光　中　学　校
⑨古　川　学　園　中　学　校

秋　田　県
①[県立]　大館国際情報学院中学校
　　　　秋田南高等学校中等部
　　　　横手清陵学院中学校

山　形　県
①[県立]　東桜学館中学校
　　　　致道館中学校

福　島　県
①[県立]　会津学鳳中学校
　　　　ふたば未来学園中学校

茨　城　県
①[県立]　日立第一高等学校附属中学校
　　　　太田第一高等学校附属中学校
　　　　水戸第一高等学校附属中学校
　　　　鉾田第一高等学校附属中学校
　　　　鹿島高等学校附属中学校
　　　　土浦第一高等学校附属中学校
　　　　竜ヶ崎第一高等学校附属中学校
　　　　下館第一高等学校附属中学校
　　　　下妻第一高等学校附属中学校
　　　　水海道第一高等学校附属中学校
　　　　勝田中等教育学校
　　　　並木中等教育学校
　　　　古河中等教育学校

栃　木　県
①[県立]　宇都宮東高等学校附属中学校
　　　　佐野高等学校附属中学校
　　　　矢板東高等学校附属中学校

群　馬　県
①　[県立]中央中等教育学校
　　[市立]四ツ葉学園中等教育学校
　　[市立]太　田　中　学　校

埼　玉　県
①[県立]伊　奈　学　園　中　学　校
②[市立]浦　和　中　学　校
③[市立]大宮国際中等教育学校
④[市立]川口市立高等学校附属中学校

千　葉　県
①[県立]　千　葉　中　学　校
　　　　東　葛　飾　中　学　校
②[市立]稲毛国際中等教育学校

東　京　都
①[国立]筑波大学附属駒場中学校
②[都立]白鷗高等学校附属中学校
③[都立]桜修館中等教育学校
④[都立]小石川中等教育学校
⑤[都立]両国高等学校附属中学校
⑥[都立]立川国際中等教育学校
⑦[都立]武蔵高等学校附属中学校
⑧[都立]大泉高等学校附属中学校
⑨[都立]富士高等学校附属中学校
⑩[都立]三鷹中等教育学校
⑪[都立]南多摩中等教育学校
⑫[区立]九段中等教育学校
⑬開　成　中　学　校
⑭麻　布　中　学　校
⑮桜　蔭　中　学　校
⑯女　子　学　院　中　学　校
★⑰豊島岡女子学園中学校
⑱東京都市大学等々力中学校
⑲世　田　谷　学　園　中　学　校
★⑳広尾学園中学校(第2回)
★㉑広尾学園中学校(医進・サイエンス回)
㉒渋谷教育学園渋谷中学校(第1回)
㉓渋谷教育学園渋谷中学校(第2回)
㉔東京農業大学第一高等学校中等部
　　(2月1日　午後)
㉕東京農業大学第一高等学校中等部
　　(2月2日　午後)

④[府立]富田林中学校
⑤[府立]咲くやこの花中学校
⑥[府立]水都国際中学校
⑦清風中学校
⑧高槻中学校（Ａ日程）
⑨高槻中学校（Ｂ日程）
⑩明星中学校
⑪大阪女学院中学校
⑫大谷中学校
⑬四天王寺中学校
⑭帝塚山学院中学校
⑮大阪国際中学校
⑯大阪桐蔭中学校
⑰開明中学校
⑱関西大学第一中学校
⑲近畿大学附属中学校
⑳金蘭千里中学校
㉑金光八尾中学校
㉒清風南海中学校
㉓帝塚山学院泉ヶ丘中学校
㉔同志社香里中学校
㉕初芝立命館中学校
㉖関西大学中等部
㉗大阪星光学院中学校

兵　庫　県
①[国立]神戸大学附属中等教育学校
②[県立]兵庫県立大学附属中学校
③雲雀丘学園中学校
④関西学院中学部
⑤神戸女学院中学部
⑥甲陽学院中学校
⑦甲南中学校
⑧甲南女子中学校
⑨灘中学校
⑩親和中学校
⑪神戸海星女子学院中学校
⑫滝川中学校
⑬啓明学院中学校
⑭三田学園中学校
⑮淳心学院中学校
⑯仁川学院中学校
⑰六甲学院中学校
⑱須磨学園中学校（第1回入試）
⑲須磨学園中学校（第2回入試）
⑳須磨学園中学校（第3回入試）
㉑白陵中学校

㉒夙川中学校

奈　良　県
①[国立]奈良女子大学附属中等教育学校
②[国立]奈良教育大学附属中学校
③[県立]国際中学校／青翔中学校
④[市立]一条高等学校附属中学校
⑤帝塚山中学校
⑥東大寺学園中学校
⑦奈良学園中学校
⑧西大和学園中学校

和　歌　山　県
①[県立]古佐田丘中学校／向陽中学校／桐蔭中学校／日高高等学校附属中学校／田辺中学校
②智辯学園和歌山中学校
③近畿大学附属和歌山中学校
④開智中学校

岡　山　県
①[県立]岡山操山中学校
②[県立]倉敷天城中学校
③[県立]岡山大安寺中等教育学校
④[県立]津山中学校
⑤岡山中学校
⑥清心中学校
⑦岡山白陵中学校
⑧金光学園中学校
⑨就実中学校
⑩岡山理科大学附属中学校
⑪山陽学園中学校

広　島　県
①[国立]広島大学附属中学校
②[国立]広島大学附属福山中学校
③[県立]広島中学校
④[県立]三次中学校
⑤[県立]広島叡智学園中学校
⑥[市立]広島中等教育学校
⑦[市立]福山中学校
⑧広島学院中学校
⑨広島女学院中学校
⑩修道中学校

⑪崇徳中学校
⑫比治山女子中学校
⑬福山暁の星女子中学校
⑭安田女子中学校
⑮広島なぎさ中学校
⑯広島城北中学校
⑰近畿大学附属広島中学校福山校
⑱盈進中学校
⑲如水館中学校
⑳ノートルダム清心中学校
㉑銀河学院中学校
㉒近畿大学附属広島中学校東広島校
㉓ＡＩＣＪ中学校
㉔広島国際学院中学校
㉕広島修道大学ひろしま協創中学校

山　口　県
①[県立]下関中等教育学校／高森みどり中学校
②野田学園中学校

徳　島　県
①[県立]富岡東中学校／川島中学校／城ノ内中等教育学校
②徳島文理中学校

香　川　県
①大手前丸亀中学校
②香川誠陵中学校

愛　媛　県
①[県立]今治東中等教育学校／松山西中等教育学校
②愛光中学校
③済美平成中等教育学校
④新田青雲中等教育学校

高　知　県
①[県立]安芸中学校／高知国際中学校／中村中学校

福　岡　県

①[国立]福岡教育大学附属中学校
　　　（福岡・小倉・久留米）

②[県立]
- 育 徳 館 中 学 校
- 門 司 学 園 中 学 校
- 宗 像 中 学 校
- 嘉穂高等学校附属中学校
- 輝翔館中等教育学校

③西 南 学 院 中 学 校
④上 智 福 岡 中 学 校
⑤福 岡 女 学 院 中 学 校
⑥福 岡 雙 葉 中 学 校
⑦照 曜 館 中 学 校
⑧筑 紫 女 学 園 中 学 校
⑨敬 愛 中 学 校
⑩久 留 米 大 学 附 設 中 学 校
⑪飯 塚 日 新 館 中 学 校
⑫明 治 学 園 中 学 校
⑬小 倉 日 新 館 中 学 校
⑭久 留 米 信 愛 中 学 校
⑮中 村 学 園 女 子 中 学 校
⑯福 岡 大 学 附 属 大 濠 中 学 校
⑰筑 陽 学 園 中 学 校
⑱九 州 国 際 大 学 付 属 中 学 校
⑲博 多 女 子 中 学 校
⑳東 福 岡 自 彊 館 中 学 校
㉑八 女 学 院 中 学 校

佐　賀　県

①[県立]
- 香 楠 中 学 校
- 致 遠 館 中 学 校
- 唐 津 東 中 学 校
- 武 雄 青 陵 中 学 校

②弘 学 館 中 学 校
③東 明 館 中 学 校
④佐 賀 清 和 中 学 校
⑤成 穎 中 学 校
⑥早 稲 田 佐 賀 中 学 校

長　崎　県

①[県立]
- 長 崎 東 中 学 校
- 佐 世 保 北 中 学 校
- 諫早高等学校附属中学校

②青 雲 中 学 校
③長 崎 南 山 中 学 校
④長 崎 日 本 大 学 中 学 校
⑤海 星 中 学 校

熊　本　県

①[県立]
- 玉名高等学校附属中学校
- 宇 土 中 学 校
- 八 代 中 学 校

②真 和 中 学 校
③九 州 学 院 中 学 校
④ルーテル学院中学校
⑤熊 本 信 愛 女 学 院 中 学 校
⑥熊 本 マ リ ス ト 学 園 中 学 校
⑦熊 本 学 園 大 学 付 属 中 学 校

大　分　県

①[県立]大 分 豊 府 中 学 校
②岩 田 中 学 校

宮　崎　県

①[県立]五 ヶ 瀬 中 等 教 育 学 校

②[県立]
- 宮崎西高等学校附属中学校
- 都城泉ヶ丘高等学校附属中学校

③宮 崎 日 本 大 学 中 学 校
④日 向 学 院 中 学 校
⑤宮 崎 第 一 中 学 校

鹿　児　島　県

①[県立]楠 隼 中 学 校
②[市立]鹿 児 島 玉 龍 中 学 校
③鹿 児 島 修 学 館 中 学 校
④ラ・サ ー ル 中 学 校
⑤志 學 館 中 等 部

沖　縄　県

①[県立]
- 与 勝 緑 が 丘 中 学 校
- 開 邦 中 学 校
- 球 陽 中 学 校
- 名護高等学校附属桜中学校

もっと過去問シリーズ

北　海　道

北嶺中学校
7年分（算数・理科・社会）

静　岡　県

静岡大学教育学部附属中学校
（静岡・島田・浜松）
10年分（算数）

愛　知　県

愛知淑徳中学校
7年分（算数・理科・社会）
東海中学校
7年分（算数・理科・社会）
南山中学校男子部
7年分（算数・理科・社会）

南山中学校女子部
7年分（算数・理科・社会）
滝中学校
7年分（算数・理科・社会）
名古屋中学校
7年分（算数・理科・社会）

岡　山　県

岡山白陵中学校
7年分（算数・理科）

広　島　県

広島大学附属中学校
7年分（算数・理科・社会）
広島大学附属福山中学校
7年分（算数・理科・社会）
広島学院中学校
7年分（算数・理科・社会）
広島女学院中学校
7年分（算数・理科・社会）
修道中学校
7年分（算数・理科・社会）
ノートルダム清心中学校
7年分（算数・理科・社会）

愛　媛　県

愛光中学校
7年分（算数・理科・社会）

福　岡　県

福岡教育大学附属中学校
（福岡・小倉・久留米）
7年分（算数・理科・社会）
西南学院中学校
7年分（算数・理科・社会）
久留米大学附設中学校
7年分（算数・理科・社会）
福岡大学附属大濠中学校
7年分（算数・理科・社会）

佐　賀　県

早稲田佐賀中学校
7年分（算数・理科・社会）

長　崎　県

青雲中学校
7年分（算数・理科・社会）

鹿　児　島　県

ラ・サール中学校
7年分（算数・理科・社会）

※もっと過去問シリーズは
　国語の収録はありません。

Ｋ 教英出版

〒422-8054
静岡県静岡市駿河区南安倍3丁目12-28
TEL 054-288-2131
FAX 054-288-2133
詳しくは教英出版で検索

教英出版　　検索
URL https://kyoei-syuppan.net/

適性検査Ⅰ （50分）

長野県屋代高等学校附属中学校
長野県諏訪清陵高等学校附属中学校

注　意

1　「始め」の合図があるまで、中を開かないでください。

2　検査問題は、【問1】から【問4】まで、問題冊子の2～11ページにあり、【問1】から【問3】までは左から、【問4】は右から印刷されています。

3　問題冊子とは別に、2枚の解答用紙（解答用紙①は【問1】から【問3】用、解答用紙②は【問4】用）があります。解答は、すべて解答用紙の　　　　　の中に書きましょう。

4　2枚の解答用紙それぞれに氏名、受検番号をまちがいのないように書きましょう。

5　検査が始まってから、印刷がはっきりしないところや、ページが足りないところがあれば、静かに手をあげてください。

6　下書きなどが必要なときは、問題冊子のあいているところを使いましょう。

7　字数を指定された解答については、句読点（。、）や、かぎかっこなど（「」『』" "）も1字に数えて答えましょう。解答用紙にマスがある場合は、行の最後のマスには、文字や句読点などをいっしょに書かず、句読点などは次の行の最初のマスに書きましょう。

8　算用数字で答える場合は、2桁ごとに1マスを使いましょう。

9　答えを直すときは、きれいに消してから、新しい答えを書きましょう。

10　ふりがながふってある文字については、答えをひらがなで書いてもかまいません。

【問1】 香さんは、日本や外国の代表が集まる大事な会議で、出席者などにおくられた品に興味をもちました。各問いに答えなさい。

(1) 香さんは、お母さんとバッグのもようについて話しています。

> 香：お母さんの新しいバッグのもよう、きれいだね。
> 母：このもようは七宝というの。このバッグは、各国の代表が集まる大事な会議で出席者におくられた品で、一般にも販売された物なの。数あるもようから七宝が選ばれたんだって。
> 香：そうなんだ。どうして七宝のもようが選ばれたのかな。

七宝

香さんは、バッグがおくられた会議や七宝のもようについて調べ、分かったことを**メモ1**に、考えたことを**ノート1**にまとめました。

メモ1

> ・会議名は「G7長野県軽井沢※外相会合」。日本をふくむ7つの国や欧州連合の代表が、国際社会の大切な課題について一緒に解決していくために話し合った。
> ・もようを決めたのは※外務省の人。バッグを作った職人さんは、七宝のもようが選ばれた理由を、もようの名前に **あ** 、会議の名前に **い** があるという共通点と、七宝は円満、調和を表すもようで、「丸く協力し合えるように」という願いから指定されたのではないか、と考えていた。
> ・職人さんは、七宝の他に下のもようなどを候補にあげていた。
>
> あさの葉（麻の葉）災いや不幸のない健やかな成長への願いがこめられている。
> せいがいは(青海波)幸運への願いがこめられている。
> うろこ（鱗）不幸や災いをさける願いがこめられている。
>
> （『文様のしきたり』より作成）
>
> ・バッグの他に木製の時計などもおくられた。

※外相…外務省の長。外務大臣の略。
※外務省…国の役所の1つ。外国とのつきあいや条約の取り決めなどにかかわる仕事をする。

ノート1

> ・職人さんの考えのように、ₐ七宝はこの会議のおくり物のもようとしてふさわしいと思う。
> ・七宝や**メモ1**にある他の3つのもようには、こめられた **う** があるという共通点がある。
> ・七宝や他の3つのもようには、ᵦもようのつくられ方の共通点があって、それによって規則正しいもようがずっと広がっていく感じがする。
> ・ **え** と **お** のもようは、願っていることが似ている。それぞれのもようの中にある三角形に不幸や災いをさける意味があるのかもしれない。

① あ に当てはまる漢字一文字と、 い に当てはまる数字を、メモ1からぬき出して、それぞれ書きなさい。

② う ～ お に当てはまる最も適切な言葉を、メモ1からぬき出してそれぞれ書きなさい。

③ 下線部aについて、香さんがこのように思った理由を、もようにこめられた願いと会議とのつながりにふれながら書きなさい。

④ 下線部bについて、その共通点を同じ形という言葉を用いて書きなさい。

(2) 香さんは、会議でおくられた時計について調べ、分かったことをメモ2に、考えたことをノート2にまとめました。

メモ2

- 時計には、木片を組み合わせてもようを描く組子細工(えがく くみこざいく)であさの葉のもようが表されている。

あさの葉の組子細工

- 職人さんは、「一生けん命仕上げた作品をぜひ楽しんでほしい」と考えていた。

- おくる品について職人さんと相談してきた県の担当の人は、「伝統工芸品で各国の外相をかんげいしたいという思いから選んだ。喜んでもらえるとうれしい」と考えていた。

ノート2

- 組子細工は、それぞれの小さな部材がぴったりおさまるように、長さや角の大きさが正確ですごい技術だと思った。

- か の七宝のもようや き のあさの葉のもようは、どちらも外国の人が喜んでくれそうでいいと思う。

- わたしが赤ちゃんのころの服がとってあって、その服のもようもあさの葉。その服はおばあちゃんが、もようにこめられた願いを大切に思って買ってくれたものだった。cおばあちゃんの思いを感じて、その服を大切にとっておきたいと思った。

- 職人さんや県の担当の人の考えを知って、会議でわたされた品々にdおもてなしの思いがこもっていると感じた。その思いが、品を受け取ったみなさんに伝わっていたらいいと思う。

① か 、 き に当てはまる最も適切な品の名前を、メモ1からぬき出して、それぞれ書きなさい。

② 下線部cについて、香さんがこのように思った理由を、もようにこめられた願いにふれて書きなさい。

③ 下線部dについて、それはどういった思いか、メモ2の職人さんや県の担当の人の思いをもとに、相手という言葉を用いて書きなさい。

- 3 -

【問2】 直さんと結さんは、身近な地いきで鹿による※食害が起きていることを知りました。各問いに答えなさい。

※食害…虫や鳥、けものなどが植物や農作物を食べて損害を与えること。

> 直：うちのおばあちゃんが大事に育てていた野菜を、鹿に食べられたみたい。
>
> 結：うちの畑にも鹿が出てきて困ってるみたい。おじいちゃんが「昔は鹿なんていなかったのになあ」って言ってたよ。
>
> 直：昔に比べて野生の鹿の数が増えているのかな。

(1) 直さんたちは、昔に比べて野生の鹿の数が増えているのか疑問をもち、**資料1～資料3**を見つけて話しています。

資料1 長野県内の鹿の生息分布

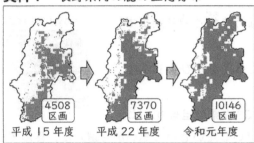

4508区画　平成15年度
7370区画　平成22年度
10146区画　令和元年度

＊1区画は、県内を1km²ごとに分けた面積1つ分を表す。
あみかけの部分は、鹿の生息が確にんされた区画を示す。

資料2 長野県の鹿による農業のひ害額

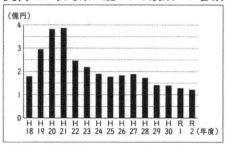

（億円）

H18 H19 H20 H21 H22 H23 H24 H25 H26 H27 H28 H29 H30 R1 R2（年度）

（**資料1**、**資料2** 長野県ウェブページより作成）

資料3 長野県の主な河川

千曲川
犀川
木曽川
天竜川

> 結：**資料1**を見てよ。あみかけの部分が増えているよ。鹿の数が増えているんだよ。
>
> 直：<u>а でも、鹿の数が増えたのなら、農業のひ害額が**資料2**のようには変化していかない</u>のではないかな。
>
> 結：よく見ると、**資料1**のあみかけの部分は鹿の生息が確にんされた区画だね。鹿の生息分布が広がったのかな。
>
> 直：**資料1**と**資料3**を重ねてみると、平成15年度は県の　あ　側や南側にあみかけの部分がかたまっていたのに、16年後の令和元年度には県の南西部を流れる　い　や県の北東部を流れる　う　周辺にまで鹿の生息分布が広がっているよ。
>
> 結：生息分布は広がったけれど、数は増えていないのかな。

① 　あ　～　う　に当てはまる最も適切な言葉を**資料1**、**資料3**をもとに、次の**ア～ク**から1つずつ選び、記号を書きなさい。

> ア　西　　　イ　南　　　ウ　東　　　エ　北
> オ　天竜川　カ　千曲川　キ　木曽川　ク　犀川

② 直さんが下線部аのように考えた理由を、**資料2**の変化にふれながら書きなさい。

(2) ２人は、鹿の生息分布の広がりと農業のひ害額の関係について確かめるために、
県の担当者の林さんと、**資料１**、**資料２**を使いながらオンラインで話しています。

会話１

> 結：長野県内の鹿の生息分布は広がっているのですか。それとも、鹿の数が
> 増えているのですか。
>
> 林：生息分布は、広がっています。原因として考えられることの一つが、県や
> 市町村が行っている鹿のほかくです。鹿はえさや安全な場所を求めて移動
> します。生息数については、正確にはわかっていません。
>
> 結：分布が広がれば農業のひ害額は増えそうだけれど、鹿をほかくしているから、
> ひ害額が減ってきているのですね。
>
> 直：生息分布が広がるのなら、鹿のほかくをやめたらどうでしょうか。
>
> 林：農業のひ害額は減ってきましたが、毎年 │ え │ 億円を越えるひ害が出て
> います。また、高山植物が食べられてしまったり、道路に鹿が飛び出して
> 車の事故が起こったりしています。だから、対さくは必要です。
>
> 直：ほかくする以外に行っている対さくはあるのですか。
>
> 林：鹿が田畑に入れないようにするために、防護さくの設置を進めています。
> また、※耕作放き地の草木をかることで鹿の隠れ場所をなくす、いたんだ
> 野菜を畑に残さないようにして鹿のえさ場を作らないなどの対さくを農家
> の方にお願いして、鹿が人里に近づきにくくなるようにしています。県では、
> 市町村と連携して、b人と野生動物のきん張感のあるすみ分けを目指して
> います。**資料４**、**資料５**も参考になると思いますよ。
>
> 直：農業のひ害額が減っている傾向なのは、平成２２年度より前と比べて、県や市町村
> が鹿のほかく頭数を │ お │ ことや、設置した防護さくの総きょりを
> │ か │ ことなどの対さくを進めた効果が表れているからなのですね。

※耕作放き地…以前耕作していた土地で、過去１年以上作物を作付けせず、この数年の間に再び作付する
　考えのない耕地のこと。

資料４　長野県内の鹿のほかく頭数

年度	H18	H20	H22	H24	H26	H28	H30	R2
ほかく頭数(頭)	9254	14674	20520	33668	39506	25733	24557	30434

① │ え │ に当てはまる最も適切な
整数を書きなさい。

② │ お │、│ か │ に当てはまる
適切な言葉を、**資料４**、**資料５**を
もとに書きなさい。

③　下線部 b の実現のために必要だと
考えられる対さくは、鹿のほかく、防護さくの設置以外に何がありますか。
会話１をもとに、２つ書きなさい。

資料５　設置した防護さくの総きょり

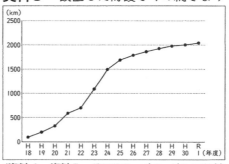

（**資料４**、**資料５**　長野県ウェブページより作成）

(3)　直さんは、自分が暮らしているＡ市の野生動物への対さくについて調べたこと
　　をノートにまとめ、祖母と話しています。

ノート

> ・地いきぐるみで防護さくを設置するのに補助金（ほじょきん）を出している。
> ・耕作放き地の草木をかるなどの環境（かんきょう）整備にＡ市が協力している。
> ・県と連携して、地いきで田畑を守る取り組みについて助言したり、野生動物
> 　に対する住民の意識向上のために呼（よ）びかけたりしている。
> ・※狩猟免許（しゅりょうめんきょ）をもっている人の高齢化（こうれいか）が進んでいることから、取得する人に
> 　対して補助金を出して、狩猟免許の取得を進めている。

※狩猟免許…銃（じゅう）やわななどの道具を使って、野生動物をほかくするために必要な免許のこと。

会話2

> 直　：調べてみたらこの辺りにも鹿の生息分布が広がってきているみたいだよ。
> 　　　だから、地域でも農業ひ害を減らすための様々な対さくをしていて、市
> 　　　からは補助金も出るらしいよ。
> 祖母：どんな対さくをしたらいいの。
> 直　：鹿が人里に近づきにくい環境を作るのが大事なんだって。おばあちゃん、
> 　　　いたんだ野菜を畑に置いておくでしょ。そこが、鹿のえさ場になるみた
> 　　　いだよ。
> 祖母：それはいけなかったね。これまではいたんだ野菜を畑にそのまま置いて
> 　　　いたけれど、これからはきちんと片付けないといけないね。
> 直　：近所の人と一緒（いっしょ）に畑の近くを防護さくで囲むと、より効果的みたいだよ。
> 　　　c人間と鹿がそれぞれの場所で上手に生きていくことができればいいの
> 　　　にね。

　　下線部ｃについて、ノート、会話2の内容にある対さくが進むように、
あなたならどのような活動をしようと考えますか。**具体的な活動**と
その活動で期待できることを、それぞれ書きなさい。

【問3】 歩さんの学級では、「地いきの新発見」をテーマに調べ、報告会を行うことになりました。各問いに答えなさい。

(1) 歩さんは、ブドウ作りについて調べたことを、コンピュータを用いて**発表用ポスター**に下書きしました。

発表用ポスター

ブドウ作りの新発見！　　　6年1組　山本　歩

1　きっかけ

　通学路のわきに使われなくなっていた畑があった。春ごろから、針金がはられた列ができ、何かが育てられている様子だった。地いきの新しい取り組みなのではないかと思い、調べようと思った。

2　調べることと調べる方法

・　| あ |　と　| い |　を調べる。

・畑の持ち主の南さんにインタビューをする。

・インタビューの情報をもとに、本やインターネットで調べる。

3　調べて分かったこと

❶育てられているもの
・ワイン用ブドウの品種、メルロー。

❷針金のはり方
・針金は、鉄などでできた柱と柱の間に、2～3本平行にはられている。
・針金の役わりは、ブドウの枝をそわせ、枝を横や上にのばすこと。
・このようなブドウの木の作り方を、かきね仕立てと言う。

❸その他に分かったこと
・たな仕立てという作り方もある。
・針金は、2m位の高さに、何本もの針金があみ目のようにはられている。
・針金の役わりは、ブドウの枝をそわせ、枝を天井のように広くのばすこと。
・たな仕立ての長所は、1本からとれるふさの量が多く、品質がよい。
・かきね仕立ての長所は、枝の管理がしやすい、などがある。

4　まとめ

　針金や育てられているものが気になって調べ始めたら、ワイン用のブドウ作りを始めたということが分かった。「かきね仕立て」と「たな仕立て」のちがいを明らかにできた。

　| あ |、| い |　に当てはまる適切な言葉を、**発表用ポスター**をもとに次の**ア～カ**から1つずつ選び、記号を書きなさい。

　ア　何が育てられているのか　　　　イ　どれ位の量が作られているのか
　ウ　何時間位作業をするのか　　　　エ　必要な針金の長さは何m位なのか
　オ　畑の広さはどれ位になるのか　　カ　針金はどのような役わりをするのか

(2) 歩さんは、恵さん、宏さんに**発表用ポスター**を見せながら発表の練習をした後、
2人から意見をもらっています。

歩：報告会に向けて、**発表用ポスター**の改善点はあるかな。

恵：「かきね仕立て」と「たな仕立て」の情報がおもしろかったのだけれど、
❷と❸に分かれていて分かりづらいと思ったんだ。

歩：そうか。わたしは、❸が後から分かったので ┃ う ┃ の順に書いたんだ。

宏：歩さんが考えた順は分かるけれど、2つの仕立てを比かくして、それぞれ
のちがいが分かりやすくなるといいかな。

恵：❷、❸の針金の ┃ え ┃ は、仕立ての図を入れるともっと分かりやすいと
思うよ。例えば、ₐ表に整理して、その表の中に針金の ┃ え ┃ と図を入れる
のはどうかな。

歩：ありがとう。表を作ってみるね。

宏：ぼくが気になったのは、ᵦ歩さんが一番明らかにしたいことが調べられていない
のではないか、ということだよ。きっかけに書かれている ┃ お ┃
と思うのだけれど、どうかな。

恵：そのようなことがまとめに書かれるといいね。

---

① ┃ う ┃ 、 ┃ え ┃ に当てはまる最も適切な言葉を、**発表用ポスター**から
ぬき出して、それぞれ書きなさい。

② 下線部 **a** について、歩さんは、次のように**表のレイアウト**を作りました。

表のレイアウト

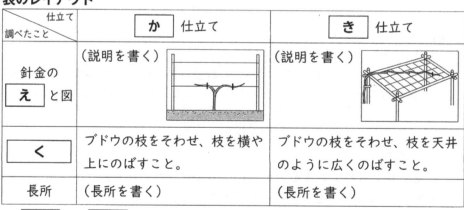

仕立て／調べたこと	┃ か ┃ 仕立て	┃ き ┃ 仕立て
針金の ┃ え ┃ と図	（説明を書く）	（説明を書く）
┃ く ┃	ブドウの枝をそわせ、枝を横や上にのばすこと。	ブドウの枝をそわせ、枝を天井のように広くのばすこと。
長所	（長所を書く）	（長所を書く）

┃ か ┃ ～ ┃ く ┃ に当てはまる最も適切な言葉を、**発表用ポスター**から
ぬき出して、それぞれ書きなさい。

③ ┃ お ┃ には、下線部 **b** のように宏さんが発言した理由が入ります。 ┃ お ┃
に当てはまる適切な言葉を、**発表用ポスター**をもとに書きなさい。

(3)　歩さんは、もう一度南さんと話しています。

会話

歩：南さんがワイン用ブドウを作り始めたのは、地いきの取り組みと何か関係
　　があるのですか。

南：わたしたちの地いきがワインの特別区いきに認定され、地いきのワインを
　　造る人たちに、地いきのワイン用ブドウが必要とされているんだ。

歩：くわしく教えてください。

南：この**資料1**を見て。ワインを造って売る
　　には年間に最低でも造らなければいけ
　　ない量が決まっている。それを最低
　　じょう造数量と言うよ。このきまりを
　　変えられるのが特別区いき制度なのだ
　　けれど、何か気が付くことはあるかな。

歩：6000Lから2000Lに減っています。
　　造らなければいけない量を少なくして
　　いいというきまりなのですね。

南：その結果の一部が、**資料2**なんだ。

歩：ワイナリー数は増えていますね。
　　今までワインを造りたくても6000Lは
　　造れなかった人が、2000Lなら造れそう
　　だと取り組んだのですね。

南：この制度の 条件 によって、地いきの
　　　　　　　 c
　　ワイン用ブドウが必要とされているということなんだ。ブドウ農家もがんばって
　　いるよ。

資料1 ワインの構造改かく特別区いき制度

○市町村からの申し出に基づき、
※内かく府が認定する。

○ワインの最低じょう造数量6000L
を、特別区いき内の原料のみを
使う場合、2000Lに引き下げる
ことができる。

※内かく府…国の役所の一つ。内かくの重要
　　　　　　政策に関する事務を中心に、各
　　　　　　省庁の調整を行う。

資料2 長野県内のワイン構造改かく特別
　　　　　区いき認定市町村数と※ワイナリー数

○長野県内の特別区いき認定市町村数
2(平成25年3月)→28(令和5年3月)

○長野県内のワイナリー数
25(平成25年3月)→71(令和5年3月)

※ワイナリー…ワインの製造所。
(**資料1**、**資料2**　長野県、信州ワインバレー
構想推進協議会「信州ワインバレー構想2.0」
より作成)

①　下線部 c について、その条件を、**資料1**の言葉と数を用いて書きなさい。

②　歩さんは、**発表用ポスター**のまとめを改善しようと、次のように**メモ**に書き
　ました。

メモ

　　| け 　　　|ことで、最低じょう造数量が引き下げられ、ワイン造りを
始めやすくなっていることが新しい発見だった。ワイン造りが活発になって、
地いきが元気になりそうだということをまとめに書こうと思う。

　　| け |に当てはまる適切な言葉を、**会話**をもとに書きなさい。

のだろう。色々な人がいれば、それだけ色々な意見が出るし、色々な
アイデアが生まれる。

そうして、人類は知恵を出し合い、知恵を集めて、知恵を伝えて発展を
してきたのだ。

もっとも、何が優れているかという答えはないから、生物は多様性のある
集団を作る。しかし、年老いた個体や、病気やケガをした個体は、生き
残れないことが多い。

しかし、人間の世界は、年老いた個体や病気やケガをした個体も、「多様性」
の一員にしてきた。それが人間の強さだったのだ。

人間の世界には「弱い者をいじめてはいけない」とか、「人間同士で傷つけ
合ってはいけない」とか、生物の世界とは違った法律や道徳や正義感が
ある。

残念ながら有史を振り返れば、人々が殺し合う戦争や弱い者が虐げられる
歴史は繰り返されている。しかし、それでも人は、そのようなことは
悪いことだ、人々は愛し合い助け合うのが本来の姿なのだと心の底で信じて
いる。

それはけっして人間が慈愛に満ちた生き物だったからだけではない。
それは長い人類史の中で人間が少しずつ培ってきたものでもある。そうし
なければ人間は自然界で生きていけなかったのだ。

（稲垣　栄洋　著『ナマケモノは、なぜ怠けるのか？　生き物の個性と進化のふしぎ』）

※戦略……戦いや競争に勝つための計画。
※天敵……食べられる動物に対して、食べるほうの動物。
※特殊……ふつうのものと、ちがっていること。
※掟……仲間の間で文字で決めた、きまり。
※有史……（文字で書かれた）歴史。
※虐げる……いじめる。苦しめる。
※慈愛……いつくしみ、かわいがること。また、その心。
※培う……やしなって、育てる。

ア　人間は、高れい者やしょう病者だけの経験
　　を参考にしてきたこと

イ　人間は、他者をかわいがる情に満ちた生き物
　　ではなかったこと

ウ　人間は、戦争や弱い者を苦しめるような
　　ことが本来のすがたただと信じていること

エ　人間は、色々な人を集団の一員として、
　　知えを出し合ったこと

(4)　＝＝線部 c、＝＝線部 e について、次の条件
　　にしたがって自分の体験と考えを書きなさい。

条件
・二段落構成とし、一段落目には知えを出し合
　う、知えを集める、知えを伝えるなどをして、
　はじめの状態よりも改善することができた
　体験を書くこと。

・二段落目は、一段落目に書いた体験から
　今後あなたが大切にしていきたいと考える
　ことを、＝＝線部 e と関連づけて書くこと。

・文字数は、百六十字以上二百字以内として、
　一行目から文章を書くこと。なお、書き出し
　や段落を変えたときこの空白になるマスも、
　一字に数えます。

【問4】 次の文章は、様々な生き物を研究している筆者が、生き物はどのような生き方を選択して生きぬいてきたのかを考えた章の最後の部分です。

この文章の前に、筆者は、「得意なところで勝負する」という言葉が、生き物が生きぬく上での基本戦略であり、生き物の種類ごとに戦略があると述べています。

次の文章を読んで、各問いに答えなさい。

生物の能力は「トレードオフ」と言って、どれかが良いとどれかが悪くなるようにバランスが取れている。たとえば、足が長ければ歩幅が大きくて速く走れるかもしれない。しかし、重心が高くなるので、不安定になって、転びやすくなるかもしれない。背が高ければ遠くまで見渡せて天敵を見つけやすいかもしれないが、草陰に隠れるときには、背が低い方がいい。

あちらを立てれば、こちらが立たず。

どちらが良いかわからないのであれば、どちらも用意しておくのが生物の戦略だ。

人間に足の速い人と足の遅い人がいるということは、足が速いことはそうでなければ生きていけないというほど重要ではないということだ。もちろん、足が速いことはすばらしいことだけれど、他の能力で足が遅いことはカバーできる。他の能力を捨てて、チーターのように人類みんなで足が速くならない方が良いというのが、おそらくは人間の進化なのだ。

ただし、それだけではない。

人類には人類の特殊な事情がある。

（中略）

ふしぎなことに、古代の遺跡からは、歯の抜けた年寄りの骨や、足をけがした人の骨が見つかるらしい。つまり、狩りには参加できないような高齢者や傷病者の世話をしていたのだ。

人間は他の生物に比べると力もないし、足も遅い弱い生物である。だから知恵を出し合って助け合って生き抜いてきた。

知恵を出し合って助け合うときには、経験が大切になる。経験が豊富な高齢者や危険を経験した傷病者の知恵は、人類が生き抜く上で参考になった

（1）──線部aについて、筆者は、足の速さという観点で、人間とチーターを比べて説明しています。次の**表**の あ 、 い に当てはまる言葉を、──線部aの段落の中からぬき出して、それぞれ書きなさい。

表

	足の速さ	理由
人間	あ がいる	生きていけない ほど い ではない
チーター	足がみんな 速い	生きるために い である

（2）──線部bについて、筆者が、この理由を具体的に述べている部分はどこですか。文末が「から。」につながるように、──線部bより後の文章の中から、三十五字でぬき出して書きなさい。

（3）──線部dについて、筆者が「人間の強さ」ととらえていることとして最も適切なものを、次の**ア**～**エ**から一つ選び、記号を書きなさい。

- 11 -

K 教英出版

令和6年度

適性検査Ⅱ （50分）

【問1】 学さんは、花だんに種をまいた数日後に様子を見ると、発芽した種子と発芽しなかった種子があることに気付き、どうしてか疑問をもっています。各問いに答えなさい。

(1) 学さんは、多くの種子が集められるという理由から、タンポポを使って、発芽する種子の数を調べる**実験1**を行い、**ノート1**に気付いたことをまとめました。

実験1

> ❶複数のタンポポから集めた種子を、水をしみこませただっし綿をしいたペトリ皿に、横に10粒ずつ、5列にならべて室内に置く（**図1**）。
> ❷ならべた種子と対応するように**記録用紙**に番号を書く。発芽したかどうかを20日間観察し、何日目に発芽したのかを**記録用紙**に数字で書く。

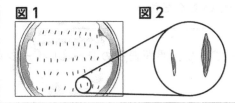

図1　**図2**

記録用紙の一部

①	②	③	④	⑤	⑥	⑦	⑧	⑨	⑩
8	4	8	6	■	3	4	4	4	■
⑪	⑫	⑬	⑭	⑮	⑯	⑰	⑱	⑲	⑳
■				■			7		■

*実験中の室温は15℃～20℃。　　*記録用紙の①、②…は種子の番号を表す。

ノート1

> ・種子をならべていると、大きさにちがいがあることに気付いた（**図2**）。
> ・長さ1.8～2.2mmの小さい種子は、**記録用紙**に ■ で表した。
> ・小さい種子と大きい種子の中身を比べるとちがいがあった（**スケッチ**）。
> ・大きい種子のように、　あ　と、発芽するのかもしれない。

スケッチ

小さい種子　　　中に何もない。

大きい種子　　中につやつやした白いかたまりがある。

実験1の結果

①	②	③	④	⑤	⑥	⑦	⑧	⑨	⑩
8	4	8	6	■	3	4	4	4	■
⑪	⑫	⑬	⑭	⑮	⑯	⑰	⑱	⑲	⑳
■				■			7		■
㉑	㉒	㉓	㉔	㉕	㉖	㉗	㉘	㉙	㉚
4	4	4	8	13	7	4	8	7	8
㉛	㉜	㉝	㉞	㉟	㊱	㊲	㊳	㊴	㊵
4	■	9	6	9	4	■		6	8
㊶	㊷	㊸	㊹	㊺	㊻	㊼	㊽	㊾	㊿
6	6	4	4	13	13	■	13	13	9

学さんは、**実験1**で分かったことを、次のようにまとめました。

> ・発芽した種子と発芽しなかった種子がある。
> ・最初に発芽した種子は、　い　日目、最後に発芽した種子は、　う　日目だった。
> ・発芽しなかった種子の数を大きさで比べると、　え　は1つも発芽しなかった。　お　は5個発芽しなかった。

① **実験1**で発芽した種子は全体の何％か、整数で書きなさい。

② ┃ **あ** ┃ に当てはまる適切な言葉を書きなさい。ただし、**スケッチ**から分かるちがいを明確にして書くこと。

③ ┃ **い** ┃ ～ ┃ **お** ┃ に当てはまる最も適切な数や言葉を**ノート1**の中からぬき出して書きなさい。

(2) **実験1**をふまえ、学さんは、タンポポの種子のつくりと、種子がつくられる仕組みについて調べました。

調べたこと

> ・タンポポのわた毛の下についている部分は実であり、中身の白いかたまりが種子である。
> ・タンポポは、種子になる部分に根や葉から養分を送り、種子を育てる。

　　調べたことから、学さんは、種子が育つためには、「土に生えていること」「日光に当たること」が必要だと予想し、まずは、**実験2**を行い、**ノート2**に気付いたことをまとめました。

実験2

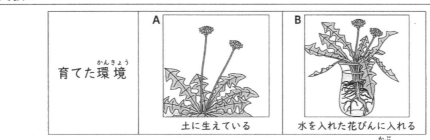

❶つぼみのタンポポを日光が当たる**A**、**B**の環境でそれぞれ4株（かぶ）ずつ育てる。
❷花がさき、わた毛が開いたら、それぞれの実を50粒ずつ集め、種子を調べる。

＊土に生えているかどうか以外の気温や日光等の条件はそろえる。

ノート2

> ・**A**で集めた実の中で、種子が育っていたのは64％だった。
> ・**B**で集めた実の中で、種子が育っていたのは13％だった。
> ・この結果から、┃ **か** ┃ということが分かった。
> ・次は、<u>土に生えたタンポポの葉をすべてアルミニウムはくでおおう。</u>
>   a

① ┃ **か** ┃ に当てはまる最も適切なものを、次の**ア～エ**から1つ選び、記号を書きなさい。

> **ア** 予想とちがい、土に生えていると、種子が育ちやすい
> **イ** 予想通り、土に生えていると、種子は育ちにくい
> **ウ** 予想通り、土に生えていると、種子が育ちやすい
> **エ** 予想とちがい、土に生えていると、種子は育ちにくい

② 下線部 a は何を調べるための実験か書きなさい。

【問2】　学さんの学級では、総合的な学習の時間で栽培した麦を使ってパンや麺を作り、残った※麦わらを使ってヒンメリという装飾品を作ろうと考えています。各問いに答えなさい。

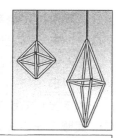

※麦わら…麦のほを落とした後のくきのこと。

(1)　学さんと花さんは、ヒンメリについて調べました。

・フィンランドという国の、麦わらを利用した伝統的な装飾品。

・麦わらを、作りたい立体の1辺の長さに切り（図1）、麦わらの中に糸を通して、つないでいく（図2）。

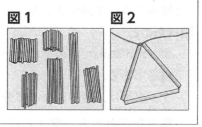

図1　　図2

　　　2人は、図2のような正三角形を組み合わせて、図3のようなヒンメリを作ろうとしています。

学：正三角形を4個作ったよ。組み合わせてみよう。あれ、辺どうしが重なってしまって、図3のようにはならないな。

花：そうか。辺が重なる部分は1本の麦わらだけですむね。

学：ヒンメリは、形にしたものを組み合わせるのではなくて、切った麦わらを1本ずつつなぎ合わせていけばいいね。

花：それなら、1辺の長さに切った麦わらは　あ　本あればいいよ。それを、どうやってつないでいくのかな。<u>aもけいを作って確かめてみよう。</u>

図3

①　　あ　に当てはまる適切な数を書きなさい。

②　下線部aについて、図4のように頂点A、頂点B、頂点C、頂点Dを決め、ある頂点で切り開いたところ、図5のようになりました。

下の　い　～　え　に当てはまる適切な記号や数を書きなさい。ただし、頂点とは、麦わらと麦わらのつなぎ目を示します。

図4　　図5

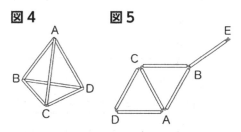

図5の点Eは点　い　とつながる。その理由は、図4のそれぞれの頂点には、　う　本の辺が集まっているが、図5の点Eには辺が1本、点　い　には辺が　え　本しか集まっていないから。

(2) 2人は、1本40cmの麦わらを切って使い、それぞれちがう形のヒンメリを作ることにしました。ただし、麦わらは1cm単位で切ることとします。

① 学さんは、図6のようなすべての辺の長さが等しいヒンメリを作ろうとしています。すると、麦わらのあまりを出さない作り方が何通りかあることに気付きました。複数ある作り方のうち、辺の長さを最も短くするとき、1辺は何cmになるか書きなさい。また、1本40cmの麦わらを何本使ったか書きなさい。

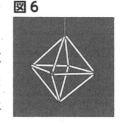

図6

② 花さんは図7のように、上側の4本の辺だけが長く、その他の辺の長さはすべて等しいヒンメリを作ろうとしています。すると、40cmの麦わらを1本だけ使って切り分けるとき、あまりを出さないで切る方法が3通りあることに気付き、表1にまとめました。 お ～ こ に当てはまる数を書きなさい。

図7

表1

	長い辺		短い辺	
	長さ（cm）	数（本）	長さ（cm）	数（本）
方法1	1辺あたり お	4	1辺あたり か	8
方法2	1辺あたり き	4	1辺あたり く	8
方法3	1辺あたり け	4	1辺あたり こ	8

(3) 2人は、新たに作った、大、中、小のヒンメリを組み合わせてかざろうとしています。図8、図9の2つの方法でヒンメリを組み合わせたところ、どちらの組み合わせでも左右がつり合いました。

今、大、中、小のヒンメリが表2のように残っています。表2の6個のヒンメリをすべて使って左右がつり合うようにかざるには、どのように組み合わせたらよいですか。図8、図9にならって解答らんに中、小の5個の図を中、小の文字を入れてかきなさい。

図8

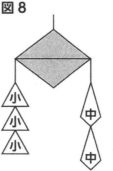

図9

表2

大きさ	個数（個）
大	1
中	3
小	2

【問3】　学さんの学級では、1年生とのお楽しみ会に向けて、グループごとに準備を進めています。各問いに答えなさい。

(1)　学さんと令さんは、図1のようなゴムとプロペラを使った車を作っています。

*作った車は、まっすぐ進むものとする。

学：aプロペラで動く車を作ろう。進む長さをなるべく長くしたいね。

令：プロペラを厚紙で作って試してみようよ。

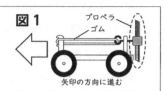
図1

　2人は、実験1を行いました。

実験1

❶たて5cm、横3cmの長方形の羽根を、角の大きさを30°にしてじくに2枚取り付けて、プロペラを作る（図2）。

❷作ったプロペラを、図1の車が矢印の方向に進むように、車に取り付ける。

❸風のえいきょうを受けず、平らで、ぶつかるものがない場所で走らせる。

❹ゴムを時計回りに100回まいて走らせ、進んだ長さを測る。

❺b10回走らせ、進んだ長さの平均を求める。

図2

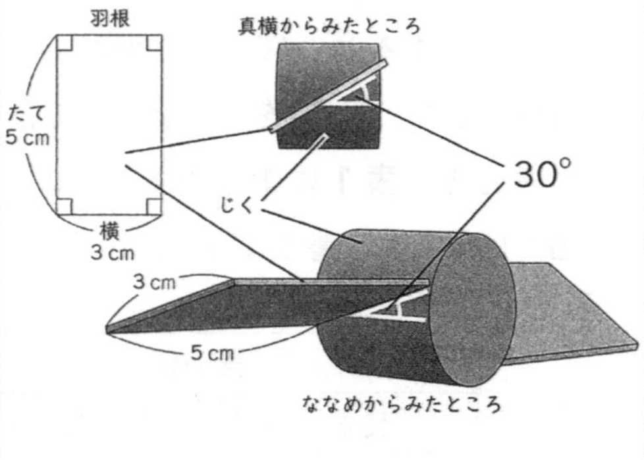

羽根
真横からみたところ
たて5cm
じく
横3cm
3cm
5cm
30°
ななめからみたところ

①　下線部aについて、下の　**あ**　～　**う**　に当てはまる最も適切な言葉を、実験1の中からぬき出して書きなさい。

図1の車は、ねじれた　**あ**　が元にもどろうとする力によって　**い**　が回り、　**う**　を後ろに送ることで前に進む。

②　下線部bについて、平均を求める理由を書きなさい。

(2)　2人は、進む長さをより長くするためには、プロペラの羽根を変えるとよいのではないかと考えています。

学：プロペラの羽根の枚数を増やせば長く進むのではないかな。

令：羽根の形も関係していると思うよ。作りやすい長方形と台形で比べてみたらどうかな。大きい方がいいと思うから、できるだけ大きく作ろう。

学：羽根の角の大きさも変えて試してみたいな。

令：そうだね。その3つを変えて比べてみよう。

学：このほかの　**え**　は変えないで実験をしよう。

　2人は、プロペラの羽根の枚数、形、角の大きさを変えて実験2をし、表1と表2にまとめました。

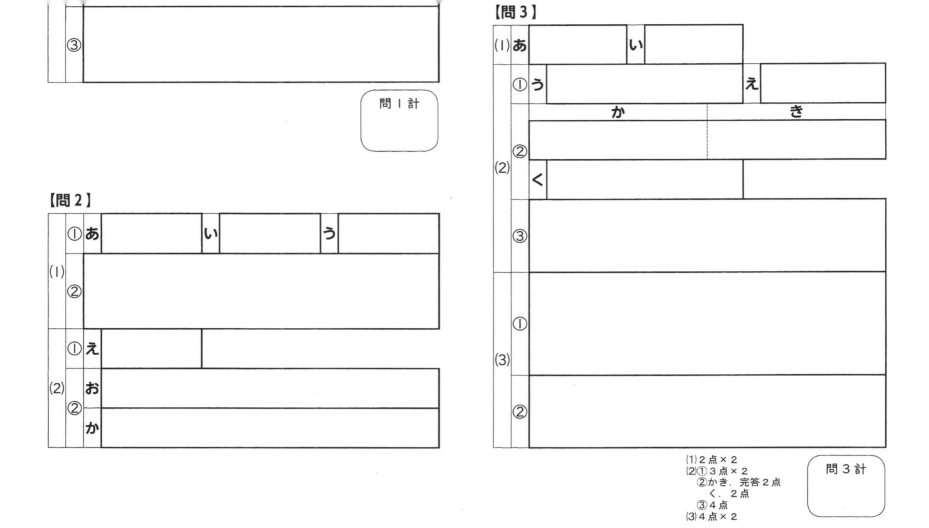

③

問１計

【問2】

(1) ①あ　　　い　　　う
　　②

(2) ①え
　　②お
　　　か

【問3】

(1) あ　　　い
　　①う　　　え
(2) ②　か　　　き
　　　く
　　③

(3) ①
　　②

(1) 2点×2
(2)① 3点×2
　　② かき．完答2点
　　　く．2点
　　③ 4点
(3) 4点×2

問3計

2024(R6) 長野県立中

Ｋ 教英出版

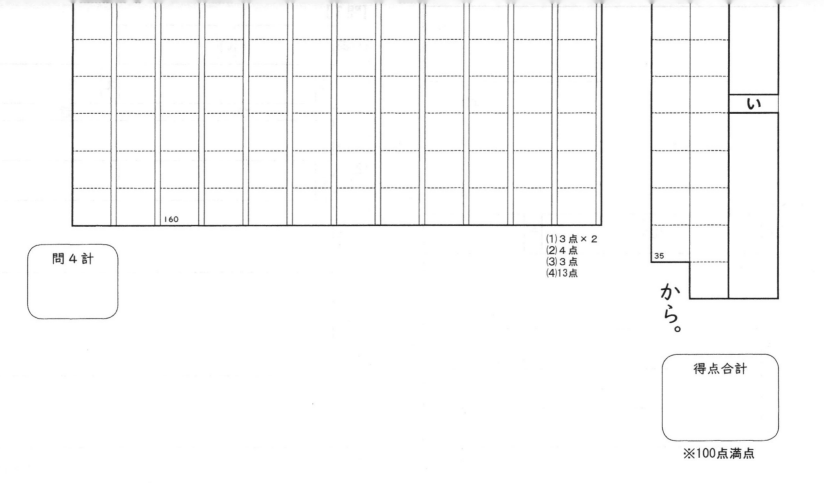

160

(1) 3点×2
(2) 4点
(3) 3点
(4)13点

問4 計

い

35

から。

得点合計

※100点満点

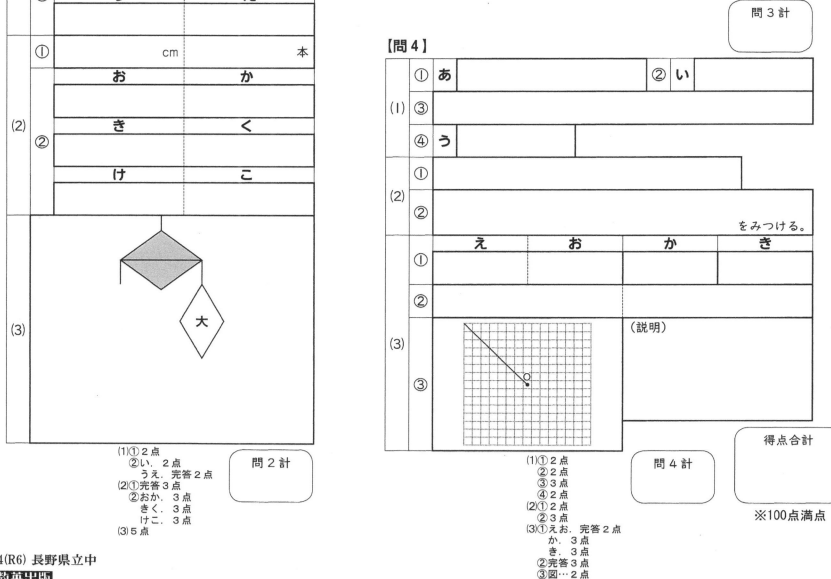

氏　名	
受検番号	

適性検査Ⅱ　解答用紙

6 適性Ⅱ

(1)①完答3点
　　②3点
(2)①え．2点
　　　おかき．完答2点
　　　く．2点
　　　け．2点
　　②こ，さ，しす．完答3点
　　　せそ，たち，にぬ．完答3点
　　　つて，と，な．
　　③完答3点
(3)完答4点

【問1】

(1)	①		%
	②	あ	
		い	う
	③	え	
		お	
(2)	①	か	
	②		

(1)①2点
　②3点
　③いう．完答2点
　　え．2点
　　お．2点
(2)3点×2

問１計

【問2】

①	あ

【問3】

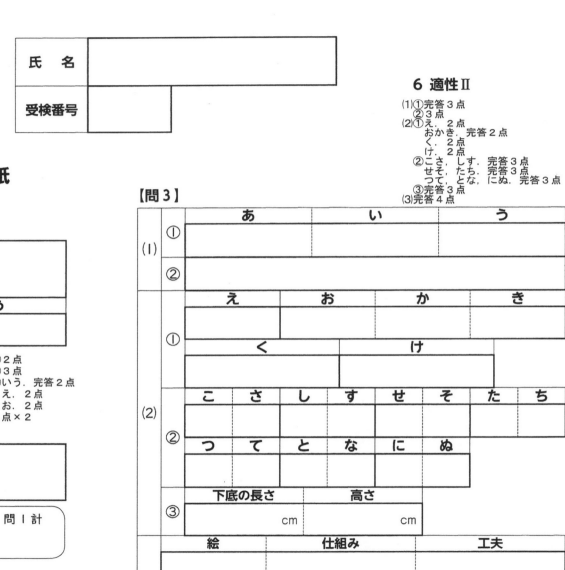

(1)	①	あ	い	う
	②			
(2)	①	え	お	か	き
		く	け	
	②	こ	さ	しす	せ	そ	たち
		つて	と	な	にぬ	
	③	下底の長さ	高さ
		cm	cm
(3)		絵	仕組み	工夫

【解答用

氏　名	
受検番号	

適性検査Ⅰ　解答用紙②

【問4】

(4)	(3)	(2)	(1)
			あ

200

氏　名	
受検番号	

適性検査I　解答用紙①

【問1】

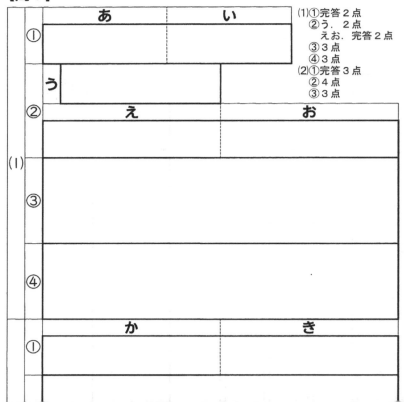

(1)①完答2点
　　②う．2点
　　　えお．完答2点
　　③3点
　　④3点
(2)①完答3点
　　②4点
　　③3点

【問2】

(2)	③	
(3)	具体的な活動	
	その活動で期待できること	

(1)①2点×3
　　②4点
(2)①2点
　　②2点×2
　　③3点
(3)7点

問2計

【解答用

実験2

❶羽根の枚数は、2枚と3枚で調べる（**図3**）。

❷羽根の形は、長方形と台形で調べる（**図4**）。

❸台形の羽根は、長方形の羽根と同じ高さ、同じ面積とし、上底側をじくに付けるため長さを2.5 cmとする。

❹羽根の角の大きさは、30°、45°、60°で調べる（**図5**）。

❺**図1**の車に、❶～❹のプロペラを順に付け、**実験1**の❸～❺と同じ方法で実験する。

図3

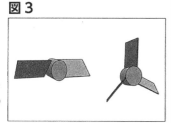

図4

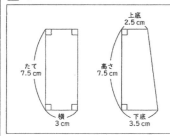

図5

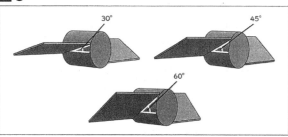

表1 羽根の形が長方形である車が進んだ平均の長さ（cm）

羽根の角の大きさ／羽根の枚数	30°	45°	60°
2枚	415	1065	1225
3枚	632	1038	995

表2 羽根の形が台形である車が進んだ平均の長さ（cm）

羽根の角の大きさ／羽根の枚数	30°	45°	60°
2枚	305	1150	1068
3枚	442	1054	1036

2人は、**表1**、**表2**を見ながら話しています。

令：羽根の枚数や形などを変えると、進む長さが変わるね。

学：最も長く進んだのは、羽根の形が ┃ **お** ┃ で、羽根の数が ┃ **か** ┃ 枚、羽根の角の大きさが ┃ **き** ┃ °のときだね。

令：羽根の枚数で比べると、数が多ければ長く進むということでもないね。

学：┃ **く** ┃ で比べると、進んだ長さの平均が約895 cmと約843 cmだから、全体的に ┃ **け** ┃ の方が長く進んだといえるよ。

令：そういえば、プロペラが回転している時間にちがいがあったように思うな。羽根の大きさや形、枚数によって変わるのかもしれない。

学：プロペラが回転している時間が、車が進む長さにも関係しているのかな。

① ┃ **え** ┃ ～ ┃ **け** ┃ に当てはまる最も適切な言葉や数を書きなさい。

2人は、羽根の枚数や大きさによって、プロペラが回る時間がちがうのではないかと考えました。そこで、羽根の角の大きさを45°にして、**実験2の❶、❷、❺**と同じ方法で、プロペラの回転が終わるまでの時間の平均を調べ、**表3**にまとめました。

表3

車	形	横（下底）の長さ（cm）	たての長さ（高さ）(cm)	羽根の枚数（枚）	進んだ長さの平均（cm）	回転が終わるまでの時間の平均（秒）
A	長方形	3.0	5.0	2	656	5.7
B	長方形	3.0	5.0	3	694	7.1
C	長方形	3.0	7.5	2	1065	11.7
D	長方形	3.0	7.5	3	1038	16.8
E	台形	3.5	7.5	2	1150	11.0
F	台形	3.5	7.5	3	1054	16.9

学：プロペラが回転している時間と進んだ長さについて調べることはできたけれど、回転が終わるまでの時間が長いからといって、必ず長く進むというわけでもないね。

令：羽根の形によるちがいを確かめるためには、**表3**のプロペラに加えて、c 台形の羽根のプロペラをもう一種るい作って調べる必要があるよ。それも確かめてみよう。

② 下のⅰ）〜ⅲ）について、**表3**のA〜Fのどの車とどの車を比べると調べることができますか。下の こ 〜 ぬ に当てはまる記号を、**表3**のA〜Fの中から選んで書きなさい。

ⅰ）羽根の大きさによるちがい… こ と さ 、 し と す

ⅱ）羽根の形によるちがい……… せ と そ 、 た と ち

ⅲ）羽根の枚数によるちがい…… つ と て 、 と と な 、
　　　　　　　　　　　　　　　 に と ぬ

③ 下線部cについて、どのような台形を作ればよいですか。台形の**下底の長さ**と**高さ**をそれぞれ書きなさい。

⑶ 2人は、実験したことを生かして動く車を作り、お楽しみ会で楽しく遊びました。お楽しみ会が終わった後、1年生から「他の車でも遊んでみたい」という感想がとどきました。あなたなら風を利用して動くどのような車を作りますか。**絵**と説明をかきなさい。ただし、説明には、風で動く**仕組み**と、長く進むようにするための**工夫**を書くこと。

【問4】 学さんは、お父さんがお土産（みやげ）で買ってきた
ケーキを、姉と妹の3人で分けようとしています。
ただし、クリームは上の面とすべての側面にのみぬられ
ていて、厚さは考えないものとします。各問いに答え
なさい。

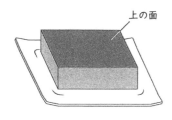
上の面

(1) 学さんは、大きさが3等分になるようにケーキを切り分けました（図1）。

> 学：ぼくは、⑦のケーキを食べようかな。
>
> 妹：ちょっと待って、お兄ちゃん。この分け方だと大きさ
> 　　は同じだけれど、⑦のケーキだけクリームが少ないよ。
>
> 姉：確かにそうだね。では、私が⑦のケーキを食べるから、
> 　　2人で⑦のケーキと⑨のケーキを食べてね。
>
> 学：でも、大きさだけじゃなくてクリームも同じにする分け方なんてあるのかな。

図1

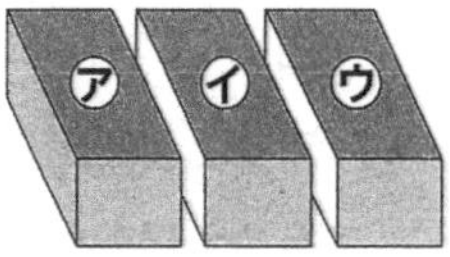

3人は、図2のような直方体の図で考えることにしました。なお、 //// は
上の面にぬられているクリームの部分、 ░░░ はすべての側面にぬられている
クリームの部分を表しています。

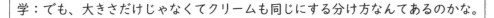

> 学：⑦のケーキと⑦のケーキで、クリームがぬられて
> 　　いる面積がどのくらいちがうのか考えよう。
>
> 妹：まず、 //// の面積を計算してみよう。⑦のケーキ
> 　　と⑦のケーキは、どちらも 15×5 の式で求められる
> 　　から同じ面積になるね。
>
> 学：⑦のケーキの ░░░ の面積は ┃　**あ**　┃ という式で求められるね。
> 　　だから、⑦のケーキのクリームがぬられているすべての面の面積は、
> 　　┃ **い** ┃ cm² だね。
>
> 妹：次は⑦のケーキの ░░░ の面積を計算して、⑦のケーキの ░░░ の面積と
> 　　のちがいを求めよう。
>
> 姉：ₐ⑦のケーキと⑦のケーキの ░░░ の面積のちがいは、4×15 を計算する
> 　　だけでわかるよ。
>
> 学：では、その面積のちがいがないよう、 ░░░ の面積を⑦と⑦と⑨の3つとも
> 　　等しくなるように切ればいいんだね。

図2
15 cm
15 cm
4 cm

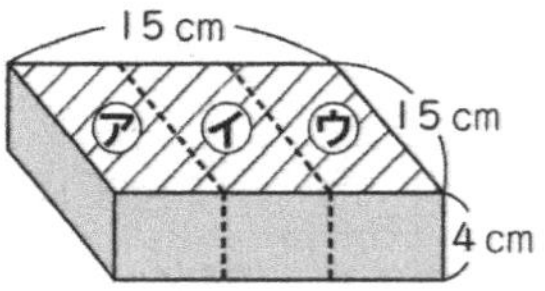

① ┃ **あ** ┃ に当てはまる式を書きなさい。

② ┃ **い** ┃ に当てはまる数を書きなさい。

③ 下線部 a について、4×15 は何を計算したものか書きなさい。

3人は、切ったケーキ1つ分の ▨▨▨ の面積を等しくして、クリームがぬられ
ている面積を同じにしようと考えています。

学：どうしたら ▨▨▨ の面積を等しくできるかな。　**図3**

姉：⑦のケーキの ▨▨▨ を**図3**のように長方形とし
　　て考えてみたらどうかな。**図2**だと⑦のケーキ
　　と①のケーキの ▨▨▨ の面積はちがうけれど、
　　どちらもたての長さは4cmだから、横の長さが
　　同じになれば面積も等しくなるはずだよ。

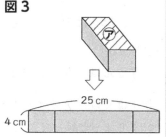

学：では、 ▨▨▨ の面積を⑦と①と⑦の3つとも等しくするには、横の
　　長さが3つとも　**う**　cmになればいいってことだね。

姉：なるほど。でも、 ▨▨▨ の面積を等しくできたとしても、そのときに、
　　//// の面積が等しくなるとは限らないんじゃないかな。

学：そうか。//// の面積も考えなくてはいけないのか。//// も ▨▨▨ も
　　等しく切る方法なんてあるのかな。

妹：丸いケーキなら、どの部分も等しくなるように3等分できるのにな。

姉：そういえば、※円型のケーキを切るシートが家にあったよね。使ってみよう。

※円型のケーキを切るシート…円型の食品を等分に切り分けるための目もりがついているシート。

④　**う**　に当てはまる数を書きなさい。

(2)　3人は、**図4**のような円型のケーキを切るシートを用いて、円周を3等分した
　　⑤の長さを、ひもを使って調べています。

妹：ひもで長さを測ったら、円周の長さは約47cmで、　**図4**

　　⑤の長さは約16cmだったよ。

姉：ｂ⑤の長さは、半径が7.5cmとわかっているなら
　　計算でも求められるよ。測った長さとほぼ等しいね。

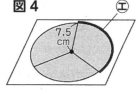

学：円だと真ん中に向かって切っているね。正方形でも真ん中に向かって切っ
　　たら3等分できるかもしれないよ。でも、正方形の真ん中ってどこだろう。

姉：真ん中って中心という意味でしょ。点対称の図形には対称の中心があるよ。

学：そうか。円も正方形も点対称の図形だ。それなら ｃ正方形の対称の中心を
　　みつければ、3等分できそうだな。

① 下線部bについて、姉はどのように計算して㋐の長さを求めたと考えられますか。式を書きなさい。ただし、円周率は3.14とします。

② 下線部cについて、そのみつけ方を、解答らんの言葉につながるように書きなさい。

(3) 3人は、ここまで考えてきたことをもとに、**図5**のように切ったらよいのではないかと考えました。

学：これで3等分になるかな。

姉：**図3**で考えたように、横の長さは㋕も㋖も㋗も等しいから、▨▨▨の面積は3つとも等しいよ。

妹：⧄⧄⧄の面積はどうかな。

学：㋕の⧄⧄⧄の面積を考えてみよう。㋕と㋖と㋗は、同じ面積だとしたら、 **え** ÷ **お** で75cm²のはずだよね。

姉：3等分されていればそうなるよね。他の方法で計算しても75cm²になるかな。

学：d㋕の⧄⧄⧄を2つの三角形に分けて、それぞれの三角形の面積を求めてみよう。この2つの三角形は、 **か** が同じ **き** cmだね。

姉：㋖と㋗も、㋕と同じように2つの三角形に分ければ求められるね。

学：⧄⧄⧄は正方形だから、㋖と㋗でも2つに分けたときの三角形の **か** はどれも **き** cmだよ。計算したら、どの面積も75cm²になったよ。だから、**図3**で考えたように横の長さを3等分すれば、クリームがぬられている面積も3等分できるってことだね。

学：この考え方なら、⧄⧄⧄が正方形のケーキだと、何等分でもできそうだ。

姉：では、e**図5**と同じサイズのケーキを家族5人で等しく分けられるかな。

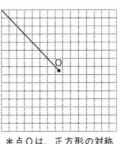

図5

10cm

5cm

＊点Oは、正方形の対称の中心とする。

---

① **え** 〜 **き** に当てはまる数や言葉を書きなさい。

② 下線部dについて、2つに分けた三角形の面積を求めるための式を、それぞれ書きなさい。

③ 下線部eについて、⧄⧄⧄の面積、▨▨▨の面積を5等分する直線を、解答らんの方眼にかき、分け方の説明を書きなさい。ただし、解答らんにかかれている直線を分け方の1本として使い、残りの4本の直線をかくこと。

＊点Oは、正方形の対称の中心とし、1目もりは1cmとする。

- 11 -

K 教英出版

適性検査Ⅰ (50分)

長野県屋代高等学校附属中学校
長野県諏訪清陵高等学校附属中学校

注 意

1 「始め」の合図があるまで，中を開かないでください。

2 検査問題は，【問1】から【問4】まであり，問題冊子の2～11ページに印刷されています。

3 問題冊子とは別に，2枚の解答用紙（**解答用紙①**は【問1】から【問3】用，**解答用紙②**は【問4】用）があります。解答は，すべて解答用紙の [　　　　] の中に書きましょう。

4 2枚の解答用紙それぞれに氏名，受検番号をまちがいのないように書きましょう。

5 検査が始まってから，印刷がはっきりしないところや，ページが足りないところがあれば，静かに手をあげてください。

6 下書きなどが必要なときは，問題冊子のあいているところを使いましょう。

7 字数を指定された解答については，句読点（ 。 、 ）や，かぎかっこなど（「　」『　』“　”）も1字に数えて答えましょう。解答用紙にマスがある場合は，行の最後のマスには，文字や句読点などをいっしょに書かず，句読点などは次の行の最初のマスに書きましょう。

8 算用数字で答える場合は，2桁(けた)ごとに1マスを使いましょう。

9 答えを直すときは，きれいに消してから，新しい答えを書きましょう。

10 ふりがながふってある文字については，答えをひらがなで書いてもかまいません。

【問1】　放送委員会では，児童会の時間に，お昼の放送で行う今年度のリクエスト曲放送について考えています。各問いに答えなさい。

(1)　まず，**昨年度の活動**と，コンピュータのふせんソフトに入力されていた昨年度の**活動のふり返り**を見ることにしました。

昨年度の活動

○活動の目的
　給食中に会話ができないため，曲を流すことで給食の時間を楽しんでもらう。
○曲の選び方
　1か月に1回，全校のみなさんにアンケート用紙を配り，氏名と希望する曲を書いてもらう。集計した結果，票数の多かった順に2曲を選ぶ。
○放送のしかた
　お昼の放送の10分間のみを利用し，選ばれた2曲をそれぞれ終わりまで流す。

活動のふり返り

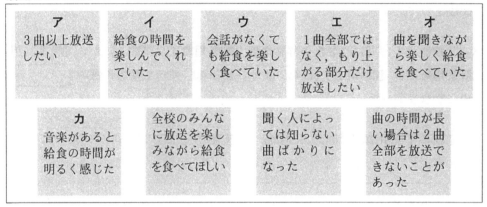

ア	イ	ウ	エ	オ
3曲以上放送したい	給食の時間を楽しんでくれていた	会話がなくても給食を楽しく食べていた	1曲全部ではなく，もり上がる部分だけ放送したい	曲を聞きながら楽しく給食を食べていた

カ			
音楽があると給食の時間が明るく感じた	全校のみんなに放送を楽しみながら給食を食べてほしい	聞く人によっては知らない曲ばかりになった	曲の時間が長い場合は2曲全部を放送できないことがあった

　その後，今年度の委員長である 豊(ゆたか) さんは，**活動のふり返り**を並べかえて，**コンピュータの画面1**の成果と課題にまとめようとしています。

コンピュータの画面1

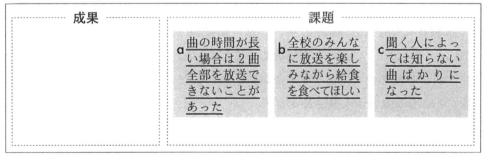

成果	課題		
	a 曲の時間が長い場合は2曲全部を放送できないことがあった	b 全校のみんなに放送を楽しみながら給食を食べてほしい	c 聞く人によっては知らない曲ばかりになった

①　**活動のふり返り**の**ア〜カ**について，**コンピュータの画面1**の成果に分類するふせんとして適切なものをすべて選び，記号を書きなさい。

②　下線部 **a** のように，曲の時間が長い場合は，2曲全部を放送できないことがあった理由を，**昨年度の活動**にふれながら例を挙げて書きなさい。

(2) 続いて，香<ruby>（かおり）</ruby>さんたちは，下線部b，下線部cの課題の解決に向けて，どのような活動にしたらよいか，グループで話し合いながらふせんソフトに入力し，**コンピュータの画面2**にまとめています。

話し合い

香：「全校のみんなに放送を楽しみながら給食を食べてほしい」「聞く人によっては知らない曲ばかりになった」の両方の意見をふまえると，こういう解決策<ruby>（かいけっさく）</ruby>はどうかな。（| ふせんA |を入力）

清<ruby>（きよし）</ruby>：でも，そうなると，校歌や音楽の教科書にある曲などに限られてくるよね。みんなが給食の時間に聞きたい曲は，たぶんドラマの曲や，流行の曲じゃないかな。（| ふせんB |を入力）

智<ruby>（とも）</ruby>：そうなると，「この曲は知らない」という人もいるから，曲が流れても関心をもって楽しく聞いてもらえないかもしれないね。（| ふせんC |を入力）

花<ruby>（はな）</ruby>：清さんと智さんの意見をまとめると，| あ |けれど| い |から関心をもって楽しく聞いてもらえないということだよね。知らない曲でも関心をもって楽しく聞いてもらう方法はないかな。（| ふせんD |を入力）

香：じゃあ，曲といっしょに，その曲のおすすめポイントを紹介するのはどうかな。

清：それをアンケート用紙に書いてもらおうよ。

智：いいね。課題を解決するためには，| う |ことでリクエスト曲放送を楽しんでもらえばよさそうだね。

花：これをグループの案として提案してみよう。

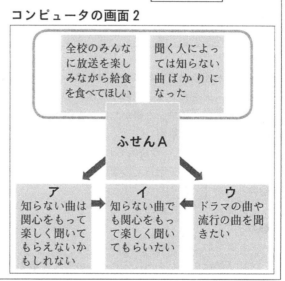

コンピュータの画面2

① | ふせんA |に入る適切な言葉を，**話し合い**をふまえて書きなさい。

② | ふせんB |～| ふせんD |に当てはまる内容として最も適切なものを，**コンピュータの画面2**のア～ウからそれぞれ1つずつ選び，記号を書きなさい。ただし，同じものは入りません。

③ **話し合い**をもとに，| あ |，| い |に入る適切な言葉を書きなさい。

④ | う |には，このグループの提案したいことが入ります。| う |に入る適切な言葉を，**話し合い**をふまえて書きなさい。

【問2】 香さんは，近所に「狼煙リレー」と書かれた旗が立って
いることに気が付きました。各問いに答えなさい。

(1) 香さんは，休日にお父さんと旗を見ながら話しています。

会話1

> 香：あの旗は何て読むの。
>
> 父：狼に煙で「のろし」と読むんだよ。のろしというのは，昔の人が情報を
> 伝えるために使った方法だね。何かあったら火をたいて煙をあげ，次の場
> 所の人が，あがった煙を確かめたら煙をあげて，をくり返し，リレーのよ
> うに情報を伝えていったんだよ。のろしを上手に使っていたと言われる※武
> 田信玄が生きていたころは，現在のように電話やインターネットがなかっ
> たから，戦などが起こったことを遠くまで伝えるのが大変だったんだ。
>
> 香：そうか。今ならどんなに遠くにいても電話などですぐに話せるけれど，昔
> は遠くなればなるほど情報を伝えるのに時間がかかったんだね。
>
> 父：a歩く速さは時速5kmくらい，走っても時速10kmくらいだからね。

※武田信玄…戦国時代の武将。

　香さんは，のろしについて調べたことを**ノート1**にまとめました。

ノート1

> ❶のろしとは
> ・戦いが起きたことなどの情報を地いきで共有したり，遠くの人々に知らせたりするた
> めに，火をたいて高くあげた煙のこと。
> ・漢字では「狼煙」と書かれることが多い。
> ❷のろしをあげた場所
> ・「のろし場」という決められた場所であげられた。
> ・のろし場は，見晴らしのよい山につくられることが多かった。
> ❸のろしの　あ
> ・人や馬が手紙を運ぶよりも，より早く，より遠くまで情報を伝達できた。
> ❹のろしの　い
> ・伝えられる情報量が少なかった。
> ・雨天時はのろしをあげられないので，徒歩で情報を伝達した。
> ・夜は煙が見えないので，かがり火を使った。
> ❺のろしを伝えるために
> ・煙や火をあげても，次ののろし場ののろしが確かめられない場合は，徒歩で情報を伝
> 達した。
> ・のろしをあげる人たちは，煙の本数や煙をあげ続ける時間などについて，何度も打ち
> 合わせをしていた。

かがり火

① 　あ　と　い　には，反対の意味になる言葉が入ります。適切な言葉を
書きなさい。

② 「狼煙リレー」が行われる長野県根羽村から山梨県甲府市まで，当時よく使われていた道の道のりが約180km あります。朝8時に起こったことは，その道を休まずに走ったとしても，その日のうちに根羽村から甲府市まで伝えることはできません。その理由を，下線部 a をもとに書きなさい。

(2) 香さんは，さらに調べたいことをノート2に書き，それについて調べるために「狼煙リレー」に参加して，実行委員長の畑さんにお話を聞いています。

ノート2

❶のろしは，何を燃やしたのか
❷なぜ「狼煙」と書くのか

会話2

> 畑：のろしは3本の竹を組み，その上にわらを置き，さらにその上に生のスギの葉を重ねて，わらの下から火をつけます。狼のふんを混ぜて燃やしたこともあったようなので，狼の煙と書くそうです。
>
> 香：のろしは，だれがあげていたのですか。
>
> 畑：のろし場にはのろし番と呼ばれる人がいて，他ののろし場でのろしがあがるかどうか，交代で一日中見張っており，必要に応じてのろしをあげていたのです。では，火をつけますね。
>
> 香：うわあ。こんなにこい煙があがるんですね。あっ，次ののろし場からも煙があがりましたよ。のろし場は，低い山にもあるのですね。
>
> 畑：そうなんです。 う や え でも，徒歩で早く情報を伝えられるように，山の※中腹や低い山の頂上にのろし場をつくることが多かったのです。
>
> 香：昔の人がのろしをあげる際，気を付けていたことはありますか。
>
> 畑：特に気を付けていたのは，正確な情報を発信することです。そのために，日ごろから練習をしていました。

※中腹…山の頂上とふもとの中間の所。

① う ， え に当てはまる適切な言葉を，ノート1からぬき出して，それぞれ書きなさい。

② 畑さんから話を聞いた香さんは，わかったことをノート3にまとめました。 お ～ き に当てはまる適切な言葉を，会話2の言葉を使って，それぞれ書きなさい。

ノート3

❶のろしは，何を燃やしたのか
・今回は お と か 。
❷なぜ「狼煙」と書くのか
・ き 。

－ 5 －

⑶　香さんが畑さんと話していると，甲府市にのろしが届いたという連らくが入りました。

会話3

香：甲府市までのろしがつながったのですね。

畑：根羽村をスタートしたのが午前10時，今がだいたい正午ですから，2時間ぐらいですね。早いですね。

香：当時も同じくらいの時間で伝わったのですか。

畑：b当時の書物にも約2時間で伝わったとあるので，だいたい同じですね。

香：のろしは，情報を早く伝えるのに役立ったのですね。

畑：そうですね。しかし，武田信玄は，情報を早く伝えるという目的以外にものろしを使ったようです。信玄が治めていたころの伊那谷は，天竜川の東側に暮らす人々と西側に暮らす人々の間で，時々小さな争いが起きていました。信玄は天竜川の東側と西側のどちらにものろし場をつくり，c地いきの人々を一つにまとめるためにも，のろしを使ったと伝えられています。

① 今回の「狼煙リレー」で，情報を伝えた距離を180km，歩く速さを時速5kmとしたとき，下線部bから，のろしを使って情報を伝えるのにかかった時間は，同じ距離を休まずに歩いて伝えるのにかかる時間の約何分の1であったか，書きなさい。

② 下線部cについて，香さんは，調べたことや畑さんとの会話をもとに，武田信玄がどのようにのろしを使って地いきの人々を一つにまとめようとしたのかを考え，ノート4にまとめました。　く　～　さ　に当てはまる適切な言葉を，ノート1と会話2からぬき出して，それぞれ書きなさい。

ノート4

あがったのろしを見ることで，地いきで同じ情報を　く　できるようにした。また，のろしで特に気を付けていたのは　け　ことだったので，くり返し　こ　や　さ　を行い，地いきの人々を一つにまとめようとした。

【問3】 智さんは，信州まつもと空港について調べて
います。各問いに答えなさい。

(1) 智さんが，お母さんと信州まつもと空港に行くと，
ちょうど飛行機がおりてくるのが見えました。

会話1

母：今，おりてくる飛行機は，九州の福岡空港から飛んできて，30分後にまた
福岡空港に向かうんだよ。

智：飛行機だと，ここから福岡までどれくらいで行けるのかな。

母：2時間かからずに行けるよ。北海道の新千歳空港へは1時間半ぐらいで行
けるよ。

智：そんなに早く行けるんだね。それなら，九州や北海道へ日帰り旅行ができ
るね。

母：北海道へは日帰り旅行ができるけれど，<u>a 九州へは，飛行機を使っての日
帰り旅行はできない</u>んだよ。

智：えっ，そうなんだ。飛行機を見ていたら，飛行機に乗りたくなってきたよ。
あの飛行機には何人ぐらい乗れるのかな。

母：飛行機の機種によってちがうようだけれど，どの便もだいたい1機あたり
80人ぐらい乗れるみたい。

智：そうなんだ。<u>b 年間にどれくらいの人が使っているのかな。</u>

① **会話1**と**表**をもとに，智さんとお
母さんが**会話1**をしている時刻とし
て最も適切なものを，次の**ア～エ**か
ら1つ選び，記号を書きなさい。

$$\left[\begin{array}{ll} ア & 8時30分ごろ \\ イ & 9時40分ごろ \\ ウ & 12時30分ごろ \\ エ & 14時30分ごろ \end{array}\right]$$

表 信州まつもと空港発着の飛行機の時刻表

新千歳便			
松本	新千歳	新千歳	松本
9:15 → 10:50		15:10 → 17:00	

神戸（兵庫県）便			
松本	神戸	神戸	松本
10:35 → 11:40		7:40 → 8:40	
18:30 → 19:35		17:00 → 18:00	

福岡便			
松本	福岡	福岡	松本
13:05 → 14:55		8:20 → 9:45	
17:30 → 19:20		11:10 → 12:35	

② 下線部 **a** について，信州まつもと空港発着の飛行機では，九州への日帰り旅
行ができない理由を，**表**をもとに書きなさい。

(2) 下線部 **b** のように疑問をもった智さんは，信州まつもと空港発着の飛行機を利

- 7 -

用している人数に興味
をもち，福岡便と新千
歳便の利用者数の変化
を調べて**グラフ**にまと
め，お母さんと話して
います。

グラフ　飛行機の年間利用者数の変化

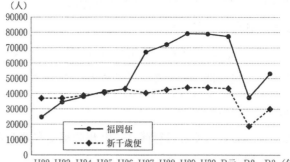

（長野県ウェブページより作成）

会話2

> 智：令和元年度までは，新千歳便は年間4万人前後の人が利用しているんだね。
> 平均すると，座席がうまっている割合は　**あ**　％ぐらいかな。福岡便の
> 利用者数は平成29年度まで増えているね。特に平成27年度には急に増え
> ているけれど，どうしてかな。
>
> 母：福岡便は，平成27年の3月から，それまで1日に1往復だったのが2往
> 復に増えたんだよ。だから，利用者数が増えたんじゃないかな。
>
> 智：新千歳便も同じくらいの利用者がいたのに，便数は増やさなかったのかな。
>
> 母：平成30年度から，北海道にある丘珠空港に行く便が，夏の期間だけ毎日
> 1往復ずつ運航されるようになって，今年からはその丘珠便の運航期間
> が3月から10月までと長くなったんだよ。
>
> 智：北海道へも，信州まつもと空港から2往復の飛行機が飛ぶ時期があるんだ
> ね。c観光以外で飛行機に乗る人はいるのかな。

① 新千歳便が毎日1往復ずつ運航されたとして，　**あ**　に当てはまる最も適
切な数を，次の**ア～エ**から1つ選び，記号を書きなさい。

〔　**ア**　35　　**イ**　50　　**ウ**　70　　**エ**　90　〕

② **グラフ**や**会話2**の内容からわかることを，次の**ア～オ**からすべて選び，記号
を書きなさい。

> **ア**　平成29年度の福岡便の利用者数は，約8万人である。
>
> **イ**　平成30年度からは，新千歳便が2往復になる時期がある。
>
> **ウ**　令和元年度までは，福岡便の年間利用者数は4万人前後である。
>
> **エ**　母は，平成27年度に福岡便の利用者が増えたのは，飛行機の便数
> が増えたためと考えている。
>
> **オ**　今年の3月から10月は，北海道へ行く便が1日2往復であった。

(3) 下線部 c のように疑問をもった智さんは，過去に長野県が，信州まつもと空港で実施したアンケートの結果をもとに，信州まつもと空港を発着する福岡便や新千歳便の利用者の状況について調べて，**資料1**と**資料2**にまとめ，お母さんと話しています。

資料1 福岡便と新千歳便の，長野県内利用者と長野県外利用者の割合（％）の変化

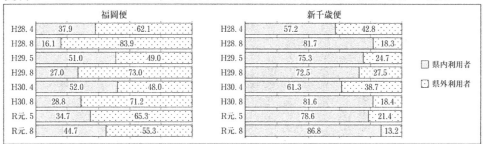

資料2 福岡便と新千歳便の，利用目的の割合（％）の変化

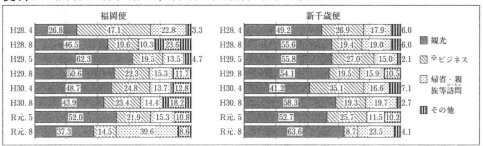

※ビジネス…仕事　　　　　　　　　　　　　　　（資料1，資料2　長野県ウェブページより作成）

> 智：福岡便も新千歳便も，全体的に　**い**　の割合が高いね。あれ，令和元年8月だけはいつもよりも　**う**　の割合が高いよ。何かあったのかな。
>
> 母：平成30年まではお盆の後に8月の調査をしていたけれど，令和元年はお盆の前に8月の調査をしたようだよ。
>
> 智：そうなんだ。　**え**　便は，毎年，春に比べて夏の方が高くなる　**お**　の割合が，令和元年8月はそうではないのも，そのせいかな。d もっと多くの人が飛行機を使うようになると，飛行機の便数が増えて，信州まつもと空港を発着する飛行機がたくさん見られるようになるのにな。

① 　**い**　～　**お**　に当てはまる最も適切な言葉を，次の**ア～キ**から1つずつ選び，記号を書きなさい。

> [ア 福岡　　イ 新千歳　　　ウ 県内利用者　　エ 県外利用者
> 　オ 観光　　カ ビジネス　　キ 帰省・親族等訪問]

② 下線部 d のように，福岡便や新千歳便の利用者を増やすためには，あなたは，どのような活動をするとよいと考えますか。福岡便か新千歳便のどちらかについて，理由とともに書きなさい。なお，理由には，**資料1**からわかることと**資料2**からわかることの両方を書きなさい。

たり、食材を薄く切ったりするのに向いています。なによりも片刃包丁の方が、刃が片側にしかついていないため、切る時の力が食材にスムーズにかかりやすく、切り口が美しいのです。

また、日本の包丁と海外の刃物で、大きな違いは材質です。日本の包丁は鋼製ですが、海外の包丁はほとんどがステンレス製です。今は、ダイヤモンドに近いような素材のステンレスも出てきて、料理人の中にも「さびにくく、切れ味もよい」と言っている人もいますが、私はやはり鋼製の包丁に勝るものはないと思っています。

確かに、ステンレスは便利で、手入れも楽です。しかし、切れる、切れないの話で言えば、本当にいい職人さんの打った鋼の包丁は、包丁を食材に入れた時の感触が、全然違います。そして、この違いを知るにも多くの経験が必要となるのです。

さらに包丁を切れ味のいい状態にしておくには、常にきちんと研いで整えておかなくてはなりません。不思議なことに、料理人にとって切る技量と研ぐ技量は同じで、「切るのが上手だけど、研ぐのが下手」という人はほとんどいませんし、またその逆もしかりなのです。

そして、包丁さばきが上手な人が切った刺身は、きりっとした存在感があり、色ツヤもよく、見るからにおいしそうなたたずまいをしています。しかし経験の少ない人が切った刺身は、身が沈んでいて勢いが感じられません。味も見た目に連動しています。

他にも、機械で作られた大根のツマと薄刃包丁できれいに薄くむかれた大根のツマでは、味に大きく違いがあるのを感じたことがある人も多いのではないでしょうか？

このように、「切る」といっても、奥深いものがあるのです。ただ単に切ればいいというわけではありません。切る技術と味は大きく関係しているのです。

（奥田　透　著『日本料理は、なぜ世界から絶賛されるのか』）

※両刃包丁・※片刃包丁

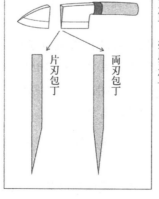

片刃包丁
両刃包丁

※かつらむき…ダイコンなどの野菜を輪切りにしたあと、薄く、紙のようにひとつながりにむくむき方。

※鋼…かたくてじょうぶな鉄。

※研ぐ…包丁などの刃物をみがいて、よく切れるようにすること。

【問4】 次の文章を読んで、各問いに答えなさい。

日本料理の調理法の基本は、何といっても「切る」ことです。「割烹料理」という言葉がありますが、この言葉の語源は、「割主烹従」料理です。

「割」は割る、つまり切るということです。「主」で、煮るが「従」う、まずは切ってから火を入れるということです。そしてそのような料理を割烹料理、出す店を割烹料理店と言われるようになったのです。

ですから、日本料理では、「切る」という調理法をとても大切にしています。

なぜなら、切り方によって味が変わるからです。

まず、そもそも切る大きさによって味が変わります。また、大きさといっても実に様々なバリエーションがあります。大きい・小さい、厚い・薄い、長い・短い、ちょっと思いつくままに並べても、というのがあります。そして、雑に切ると、味がどんどん抜けていったり、仕上がりがどんどん崩れていったりするので、切れる包丁で、作る料理にあった寸法できちんと切ることが大切です。

そうすると味が食材の中に収まり、食べた時に口の中で味が膨らんだり広がったりと、ａ作る側の意図した料理がダイレクトにお客様に伝わるのです。

西洋料理で使う包丁は、※両刃包丁といって、両面に刃がついています。しかし、日本料理で使う包丁は、※片刃包丁といって、片方だけにしか刃がついていません。

両刃包丁は、食材に均等に力が加わるので、誰でも切りやすく、日本でも家庭用包丁に使われていますが、日本で普及したのは昭和以降です。

片刃包丁は慣れないとうまく扱えませんが、魚を切ったり、※かつらむきをし

(1) ——日本料理において、筆者が大切だと考えている調理法を、理由とともに書きなさい。

(2) ——線部 ａ について、筆者がそのために大切だと考えていることを、文章の中から二十五字以上三十字以内でぬき出して書きなさい。

(3) 両刃包丁と片刃包丁について、食材への力の加わり方の特ちょうによって生まれる長所は何か、文章の中の言葉を使ってそれぞれ三十字以内で書きなさい。

(4) ——線部 ｂ について、次の条件にしたがって、あなたの考えを書きなさい。

条件
・二段落構成とし、一段落目には「切る」ことの奥深さのうち、鋼製の包丁をよりよく使うために筆者が必要だと考えていることを書くこと。

- 11 -

K 教英出版

令和5年度

適性検査II (50分)

注　意

1　「始め」の合図があるまで，中を開かないでください。

2　検査問題は，【問1】から【問4】まであり，問題冊子の2〜11ページに印刷されています。

3　解答用紙に氏名，受検番号をまちがいのないように書きましょう。

4　解答は，すべて解答用紙の　　　　　　の中に書きましょう。

5　検査が始まってから，印刷がはっきりしないところや，ページが足りないところがあれば，静かに手をあげてください。

6　下書きなどが必要なときは，問題冊子のあいているところを使いましょう。

7　答えを直すときは，きれいに消してから，新しい答えを書きましょう。

【問1】　次の自由研究について，各問いに答えなさい。

(1)　学さんと花さんは，図書館で虫の名前について話しています。

> 学：虫の名前はおもしろいね。アメンボは，雨と関わりがあるのかな。
>
> 花：わたしも「雨んぼ」だと思っていたけれど，そうじゃない
>
> 　　みたい。漢字では「飴坊」と表すこともあるみたいだよ。
>
> 学：イナゴは，漢字で「稲子」と表すことがあるらしいよ。
>
> 　　<u>稲を育てている田んぼでよく見られる</u>からなのかな。
> 　　ᵃ
>
> 花：テントウムシは，漢字で「天道虫」と表すことがあるんだね。
>
> 　　「テントウムシは，お天道様へ向かっていく虫」と聞いたことがあるよ。
>
> 　　お天道様だから，太陽に向かっていく虫ってことだよね。
>
> 学：太陽に向かうということは，ᵇ<u>上の方に向かって歩いていく</u>
>
> 　　<u>のかな。それとも，明るい方に向かって歩いていくのかな。</u>
>
> 　　テントウムシをつかまえて実験してみたいね。

①　下線部 a について確かめるために，2人は調べることを考えました。調べる

　　こととして，最も適切なものを次のア〜エから1つ選び，記号を書きなさい。

> 　ア　イナゴは，幼虫よりも成虫の方が稲の葉をよく食べるのだろうか。
>
> 　イ　イナゴが見られる数が多い場所ほど，稲はよく育つのだろうか。
>
> 　ウ　田んぼが大きいほど，稲を食べるこん虫の種類は多いのだろうか。
>
> 　エ　イナゴが見られる数は，田や畑の作物によってちがうのだろうか。

　　下線部 b について，2人はいくつか実験を考えたうち，**実験1**を行いました。

実験1

> ❶図1のように，箱の上から光を当てる。　図1
>
> ❷ストローにテントウムシを乗せて，
>
> 　テントウムシが歩く様子を観察する。
>
> ❸光を消し，部屋全体を暗くして，❷と
>
> 　同様の観察を行う。

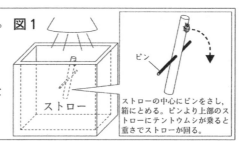

②　**実験1**の❷，❸ともに，テントウムシが乗ったストローは回り続けました。

　　このことから，テントウムシはどちらに向かって歩いていくと考えられますか。

　　最も適切なものを次のア〜エから1つ選び，記号を書きなさい。

> 〔　ア　上の方　　　イ　下の方　　　ウ　明るい方　　　エ　暗い方　〕

(2) 令さんと歩さんは，手指消毒をしたときの体験について話しています。

> 令：消毒液を手にふきつけた後って，水を手にふきつけた後
> 　　より冷たく感じるね。
> 歩：そうだね。水と消毒液を手にふきつけて，手の温度変化
> 　　のちがいを調べてみようよ。

　2人は，それぞれの液体を手のひらにふきつけた後，手のひらの温度がどのように変わるのかを調べるため，実験2を行いました。

実験2

> ❶手のひらの温度と同じ温度にした水と消毒液を用意する。　　図2
> ❷それぞれの液体を，きりふきで手のひらに1回ふきつける。
> ❸液体をふきつけたときと，ふきつけないときの手のひらの温度を
> 　図2のように放射温度計で10秒ごとに測り，表にまとめる。

表

時間（秒）	0	10	20	30	40	50	60
水をふきつけた手のひらの温度(℃)	35.0	34.3	34.1	34.0	34.0	34.0	33.9
消毒液をふきつけた手のひらの温度(℃)	35.0	32.9	33.4	33.4	33.4	33.6	33.6
液体をふきつけない手のひらの温度(℃)	35.0	35.0	35.0	35.0	35.0	35.0	35.0

＊実験2では，室温などの条件はそろえて行い，消毒液はアルコールを主成分とするものを用いた。

① 実験2の❸で，液体をふきつけない手のひらの温度を測ったのは，何を確かめるためですか。最も適切なものを次のア～エから1つ選び，記号を書きなさい。

> ア　液体をふきつけても，手のひらの温度が変わらないこと
> イ　液体と手のひらの温度差によって，手のひらの温度が下がること
> ウ　手のひらの温度変化が，液体のふきつけによるものであること
> エ　手のひらの温度が，液体をふきつけなくても下がること

② 右のグラフは，水をふきつけた手のひらの温度
変化を表しています。これにならって，表をもとに，
消毒液をふきつけた手のひらの温度変化のグラフ
を，解答らんに表しなさい。

③ 消毒液を手にふきつけた直後は，水を手にふき
つけた直後よりも冷たく感じる理由について，
実験2の結果をもとに，温度変化のようすのちが
いにふれながら書きなさい。

グラフ

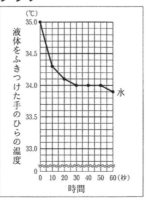

【問2】　学さんと花さんのクラスでは，１年生との交流会でシャボン玉遊びをすることになりました。各問いに答えなさい。

(1)　２人は，水に洗ざいを入れたシャボン玉液の作り方について話しています。

> 学：割れにくいシャボン玉が作れたら，１年生が喜ぶだろうね。
> 花：割れにくさを実験で調べられないかな。
> 学：そうだね。　あ　をいろいろ変えて，どのシャボン玉液で作ったら割れにくいシャボン玉ができるか調べてみようよ。

　　２人は，　あ　を変えたシャボン玉液をいくつか作って**実験1**をくり返し行い，その結果を**表1**にまとめました。

実験1

❶ ガラス面から30cmの高さにある注射器の先に，一定の量のシャボン玉液をつけ，50mLの空気を入れてシャボン玉を作る。

❷ 注射器をそっとゆらし，注射器の先からシャボン玉をはなす。

❸ ❷を20回行い，ガラス面に接しても割れなかったシャボン玉の数を記録する。

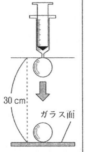

表1

100mLの水に入れる洗ざいの量（mL）	割れなかったシャボン玉の数（個）
10	14
20	14
30	10
40	8
50	6

①　あ　に当てはまる適切な言葉を書きなさい。

> 学：どのシャボン玉液で作ったシャボン玉が割れにくいかがわかったね。
> 花：まだわからないよ。調べた洗ざいの量以外でも調べてみようよ。

　　２人は，さらに実験を行い，その結果を**表2**にまとめました。

表2

100mLの水に入れる洗ざいの量（mL）	割れなかったシャボン玉の数（個）
1	1
5	12
15	18

> 学：<u>a100mLの水に入れる洗ざいの量が多くても少なくても，シャボン玉は割れやすいこと</u>がわかるね。<u>b一番割れにくくなるときの洗ざいの量の値が１つだとしたら，それは何mLのときなのかな。</u>
> 花：これまでの実験をもとに，一番割れにくいときの洗ざいの量を調べるとしたら，　い　mLと　う　mLの間でさらに細かく調べてみるとよさそうだね。

②　下線部**a**，下線部**b**の学さんの考えが正しいとすると，　い　，　う　に当てはまる最も適切な数を，**表1**，**表2**の中の数を用いて書きなさい。

(2) 2人は，1回目の交流会を終えた後の**1年生からの感想**を読み，2回目の交流
　会に向けて話し合っています。

1年生からの感想

・たくさんできてうれしかった。	・四角いシャボン玉を作りたい。
・できるだけ大きなシャボン玉を作りたい。	・もっと遠くまで飛ばしたい。

学：**1年生からの感想**をもとに，次に取り組むことを考えよう。

花：大きいシャボン玉の作り方について考えてみようよ。おもしろそうだよ。

学：洗ざいだけでなく洗たくのりも入れると，シャボン玉を大きくしても
　　割れにくいとおばあちゃんが言っていたよ。洗たくのりを入れる量も変えて
　　実験1をすれば，調べられるんじゃないかな。

花：それだと割れにくいかどうかはわかるけれど，　　　　え　　　　はわか
　　らないよ。こんな実験で確かめたらどうかな。

学：シャボン玉に入った空気の量を調べるんだね。さっそくやってみよう。

　そこで2人は，100 mL の水に入れる洗ざいと洗たくのりの量を変えたシャボン
玉液をいくつか作って**実験2**をくり返し行い，その結果を**表3**にまとめました。

実験2

❶ 空気入れでシャボン玉が割れるまで空気を入れ続け，シャボン玉が割れたときの空気の量を調べる。

❷ ❶を5回行い，シャボン玉に入った空気の量の平均を求め，記録する。

表3 シャボン玉に入った空気の量の平均（mL）

		100 mL の水に入れる洗ざいの量（mL）					
		5	10	20	30	40	50
100mLの水に入れる洗たくのりの量(mL)	0	320	350	350	400	350	260
	10	380	650	370	360	280	240
	20	350	580	370	300	—	—
	30	350	570	450	290	—	—
	40	—	550	560	—	—	—
	50	—	510	550	—	—	—

＊－の部分は，割れる前に落下したため，測定不能とする。

花：**表3**を見ると，洗たくのりの量が多くても大きくふくらまなかったり，落
　　ちてしまったりするから，　　　　お　　　　のバランスが大事だよ。

学：これで，2回目の交流会で使うシャボン玉液が作れそうだね。

花：そうだね。できるだけ大きいシャボン玉ができるシャボン玉液を
　　1500 mL 作るには，**表3**から，水を　か　mL，洗ざいを　き　mL，
　　洗たくのりを　く　mL 混ぜればよいといえそうだね。

　え　～　く　に当てはまる適切な言葉や数を書きなさい。

－ 5 －

【問3】 学さんと花さんは，台に円をかき，その円周上に等間かくになるようにくぎを10本打ち，**糸のかけ方のルール**にしたがって，くぎに糸をかけて模様を作っています。各問いに答えなさい。

糸のかけ方のルール

説明	（例）xの値が4のとき	
❶**スタートのくぎに糸を結び，**時計回りで，x本進んだくぎに糸をかける。	スタートのくぎ / くぎ / 1本目 / 2本目 / 3本目 / 4本目	**スタートのくぎに糸を結び，時計回りで，くぎを4本進み，そのくぎに糸をかける。**
❷糸をかけたくぎから，さらに時計回りでx本進んだくぎに糸をかける。	8本目 / 7本目 / 6本目 / 5本目 / 4本目	糸をかけたくぎから，さらに時計回りで4本進み，**スタートのくぎ**から8本目のくぎに糸をかける。
❸**スタートのくぎの位置に**ちょうどもどるまで，❷をくりかえす。	10本目 / 9本目 / 11本目 / 8本目 / 12本目 / 13本目 / 16本目 / 14本目 / 15本目	糸をかけたくぎから，さらに4本進み，12本目のくぎに糸をかける。そこからさらに4本進み，16本目のくぎに糸をかける。
❹糸をかける位置が，**スタートのくぎにちょうどもどっ**たら，最後に糸をかけて結び，模様を完成させる。	20本目 / 19本目 / 18本目 / 17本目 / 16本目	16本目のくぎから，さらに4本進むと，糸をかける位置が**スタートのくぎ**にちょうどもどるので，最後に糸をかけて結び，模様を完成させる。

(1) 2人は，**図1**のようにxの値を1から9まで変えて模様を作っていきました。

図1

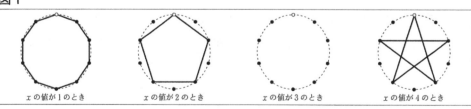

xの値が1のとき　　xの値が2のとき　　xの値が3のとき　　xの値が4のとき

① **図1**でxの値が3のときの模様を，解答らんに定規を使ってかきなさい。

② xの値を1から9まで変えて模様を作ります。xの値が4のときと同じ模様になるxの値を書きなさい。

③3点×2
④4点

【問2】

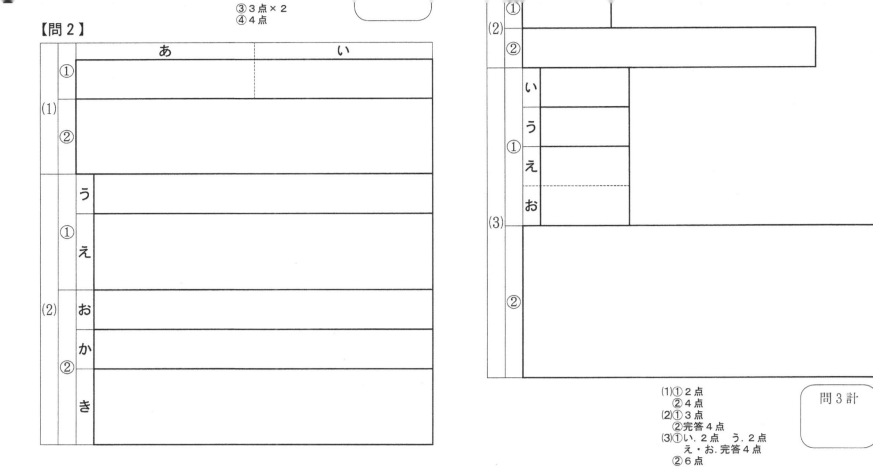

			あ	い
(1)	①			
	②			
(2)	①	う		
		え		
	②	お		
		か		
		き		

(2) ①
(2) ②

(3) ① い
う
え
お

(3) ②

(1)① 2点
　　② 4点
(2)① 3点
　　② 完答4点
(3)① い．2点　　う．2点
　　　え・お．完答4点
　　② 6点

問3計

														30		
		160										30		30		

問4計

(1) 3点
(2) 3点
(3) 4点×2
(4) 13点

得点合計

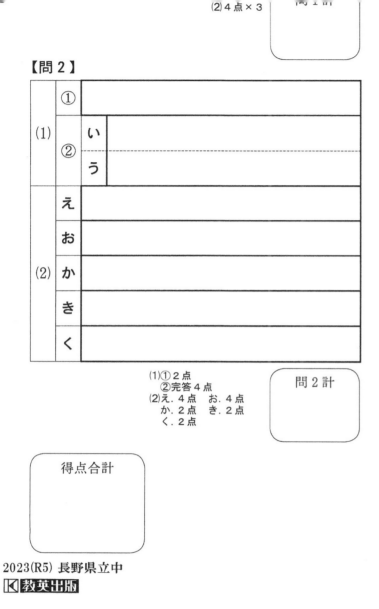

【問2】

(1)	①	
	②	い
		う
(2)	え	
	お	
	か	
	き	
	く	

(1)① 2 点
　　② 完答 4 点
(2)え. 4 点　　お. 4 点
　　か. 2 点　　き. 2 点
　　く. 2 点

問 2 計

得点合計

【問4】

(1)	①	
	②	
(2)	①	
	②	
(3)	あ	
	い	う
	え	
	お	
	か	

(1) 4 点 × 2
(2) 4 点 × 2
　　あ. 2 点
　　い・う. 完答 3 点
　　え. 2 点
　　お. 2 点
　　か. 3 点

問 4 計

2023(R5) 長野県立中
K 教英出版

※100点満点

5　適性Ⅱ

適性検査Ⅱ　解答用紙

【問1】

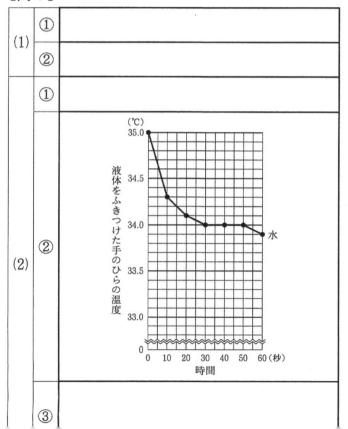

【問3】

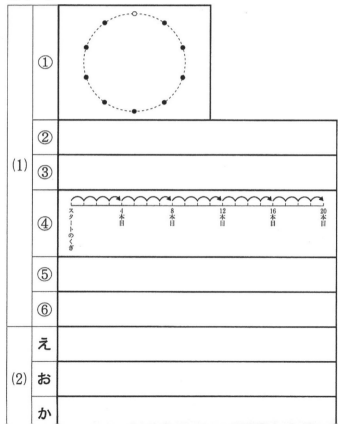

氏　名	
受検番号	

適性検査Ⅰ　　解答用紙②

【問4】

(4)													(3)		(2)		(1)
													片刃包丁	両刃包丁			
200																	

氏　名

受検番号

※100点満点

5 適性Ⅰ　①

適性検査Ⅰ　解答用紙①

【問1】

(1)
①
②

(2)
①
②

ふせんB	ふせんC	ふせんD

③
あ
い

④

【問2】

(1)
①　約　　　　分の1

(3)
②
く
け
こ
さ

(1)①完答2点
　　②3点
(2)①2点×2
　　②2点×3
(3)①3点
　　②く.2点　け.2点
　　　こ・さ.完答4点

問2計

【問3】

(1)
①
②

2人は, x の値が2のときと x の値が4のときの模様について話しています。

学:くぎに糸をかける位置が, **スタートのくぎにちょうど**
　　もどって模様が完成するまでに, x の値が2のときは,
　　くぎを10本進んで, 円を1周しているね（**図2**）。

花:x の値が4のときは, くぎを20本進んで, 円を
　　 あ 　周して模様が完成しているよ。

図2

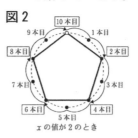

x の値が2のとき

2人は, **スタートのくぎ**から進んだくぎの本数を, 図に表しながら, **ノート**に
まとめました。

ノート

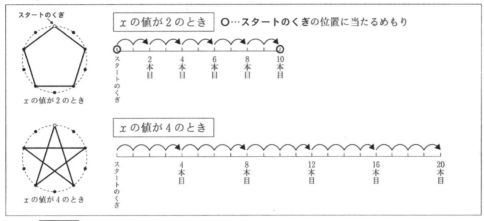

③ 　あ 　に当てはまる数を書きなさい。

④ **ノート**の x の値が4のとき, **スタートのくぎの位置に当たるめもり**はどこ
　　ですか。x の値が2のときにならって, 解答らんの図の当てはまるめもりすべ
　　てに○をかきなさい。

2人は, くぎに糸をかける回数に注目して話しています。

学:**スタートのくぎの位置**に, ちょうどもどって模様が完成するまでに, くぎ
　　に糸をかける回数は, x の値によって変わってくるね。

花:**ノート**の x の値が4のときは, 4本目, 8本目, 12本目, 16本目, 20本目
　　の計5回くぎに糸をかけているとわかるね。

学:くぎに糸をかける回数が一番少ないのは, x の値が5のときで2回だね。

花:逆に1番多いのは, x の値が 　い 　のときで 　う 　回だね。

⑤ x の値が1から9の中で, 　い 　に当てはまる数をすべて書きなさい。

⑥ 　う 　に当てはまる数を書きなさい。

(2)　2人は，糸をかけていって完成した模様を見て，図3
のように，くぎとくぎの間にかかる糸の長さや，くぎ
に糸をかけたときにできる角度が，どれも同じである
ことに気付きました。そこで，糸をかけていって完成
する模様を，コンピュータでプログラムを使って再現
しようと考えました。

図3

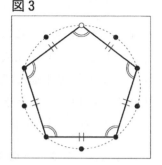

　　このプログラムでは，下のように模様をかきます。

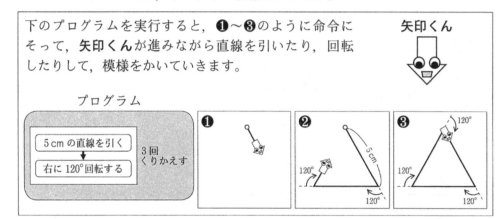

　　2人は，図4のように，くぎの数を20本
にして，xの値が9のときに完成する模様
を，矢印くんにかかせようとしています。
この模様をコンピュータで再現するプログ
ラム（図5）は，どのようになりますか。
　え　〜　か　に当てはまる数を書き
なさい。ただし，くぎとくぎの間にかかる
糸の長さは10cmとします。

図4

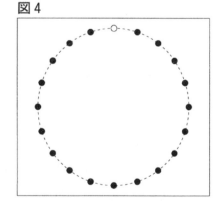

図5

【問4】　学さんは，バーコードについて調べ，**メモ1**にまとめました。各問いに答えなさい。

メモ1

- スーパーで見る商品の多くには，13けたの数を表すバーコードがついている。
- バーコードの左はじ，中央，右はじには，下方にやや長くのびた特別な2本線があり，それぞれバーコードの始めの位置，中央の位置，終わりの位置を表している。
- 13けたの数は，**図1**のように3つの部分から構成されており，企業コード，アイテムコード，チェックデジットを表している。
- チェックデジットとは，バーコードの読み取りのまちがいがないかを確かめるためのものである。

図1

学さんは，さらに調べたところ，チェックデジットを表す数は，**チェックデジットの求め方**で計算して求められることがわかりました。

チェックデジットの求め方　　　*図1のバーコードをもとに計算した例

❶　チェックデジットをのぞいた12けたの数の最も右側にある数を1けた目とする。	12けた目 11けた目 10けた目 9けた目 8けた目 7けた目 6けた目 5けた目 4けた目 3けた目 2けた目 1けた目 デジット 4　9　1　2　3　4　5　6　7　8　9　0　4
❷　奇数けた目の位置にある数の和を3倍する。	$(0+8+6+4+2+9) \times 3 = 87$
❸　偶数けた目の位置にある数の和を求める。	$(9+7+5+3+1+4) = 29$
❹　❷と❸の和を求める。	$87+29 = 116$
❺　❹で求めた数を10で割り，余りを求める。	$116 \div 10 = 11$　余り6
❻　❺で求めた余りを10から引く。	$10-6 = 4$

(1)　学さんは，一部がけずれているバーコード（**図2**）を見つけました。

①　けずれて見えなくなった数（☆の部分）を求めるとき，**チェックデジットの求め方**の❺で求めた余りはいくつになるか，書きなさい。

図2

②　けずれて見えなくなった数（☆の部分）を求め，書きなさい。

(2) バーコードの線の幅_{はば}には，細いものと太いものがあることに疑問_{ぎもん}をもった学さんは，さらにバーコードについて調べ，**メモ2**にまとめました。

メモ2

・図3のように，1つの数を7つの「マス」で表している。

・7つのマスは黒と白の「エリア」からできている。

・1つの数は，2つの黒エリアと2つの白エリアの計4つのエリアに分けられている。

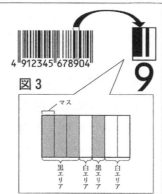

図3

・図4のバーコードは，0から9の数を表している。

図4

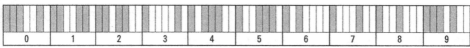

| 0 | 1 | 2 | 3 | 4 | 5 | 6 | 7 | 8 | 9 |

・バーコードは，図4と白黒が逆でも同じ数を表す。

・バーコードは，図4と左右が逆でも同じ数を表す。

・右のバーコードは，すべて9を表している。

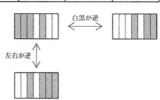

① 8を表すバーコードで，図4に示されているもの以外の2種類をすべてかきなさい。なお，解答らんの図の黒エリアになる部分を黒くぬりつぶしてかくこととします。

② 図5は，あるバーコードの一部を拡大_{かくだい}し，マスをつけたものです。図5が表している4けたの数を，図4にならって，解答らんの図に書きなさい。

図5

(3) 学さんは，バーコードについて疑問に思ったことをもとに追究し，**レポート**にまとめました。なお，その際，**メモ3**のように表すことにしました。

メモ3

図6のような9を表すバーコードは，3マス，1マス，1マス，2マスの4つのエリアに分かれている。これを〔3112〕と表すこととする。

図6

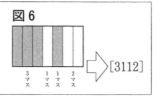

〔3112〕

レポート

○疑問に思ったこと

　　1つの数を4つのエリアに分けてバーコードを表すとき、7マスに分けて表

　　しているのはなぜか。

○予想

　　7マスより少ないと、0〜9の10種類の数を表すことができないのではないか。

○調べたこと

　　4マス、5マス、6マス、7マスで何種類の数を表すことができるか調べる。

・4マスで数を表す場合

　　4マスを4つのエリアに分ける分け方は、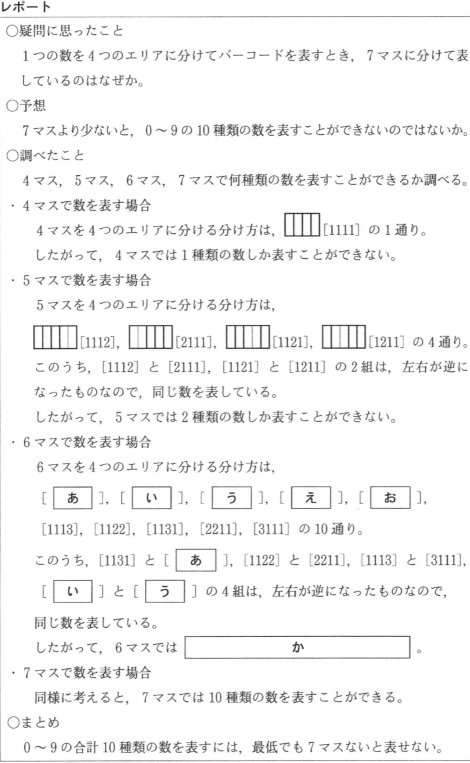[1111]の1通り。

　　したがって、4マスでは1種類の数しか表すことができない。

・5マスで数を表す場合

　　5マスを4つのエリアに分ける分け方は、

　　[1112]，　[2111]，　[1121]，　[1211]の4通り。

　　このうち、[1112]と[2111]，[1121]と[1211]の2組は、左右が逆に

　　なったものなので、同じ数を表している。

　　したがって、5マスでは2種類の数しか表すことができない。

・6マスで数を表す場合

　　6マスを4つのエリアに分ける分け方は、

　　[　あ　]，[　い　]，[　う　]，[　え　]，[　お　]，

　　[1113]，[1122]，[1131]，[2211]，[3111] の10通り。

　　このうち、[1131]と[　あ　]，[1122]と[2211]，[1113]と[3111]，

　　[　い　]と[　う　]の4組は、左右が逆になったものなので、

　　同じ数を表している。

　　したがって、6マスでは　　　か　　　。

・7マスで数を表す場合

　　同様に考えると、7マスでは10種類の数を表すことができる。

○まとめ

　　0〜9の合計10種類の数を表すには、最低でも7マスないと表せない。

　　あ　〜　か　に当てはまる数や言葉を書きなさい。

適性検査Ⅰ (50分)

長野県屋代高等学校附属中学校
長野県諏訪清陵高等学校附属中学校

注　意

1　「始め」の合図があるまで，中を開かないでください。

2　検査問題は，【問1】から【問4】まであり，問題冊子の2〜11ページに印刷されています。

3　2枚の解答用紙それぞれに氏名，受検番号をまちがいのないように書きましょう。

4　問題冊子とは別に，2枚の解答用紙（**解答用紙①**は【問1】から【問3】用，**解答用紙②**は【問4】用）があります。解答は，すべて解答用紙の　　　　　の中に書きましょう。

5　検査が始まってから，印刷がはっきりしないところや，ページが足りないところがあれば，静かに手をあげてください。

6　下書きなどが必要なときは，問題冊子のあいているところを使いましょう。

7　字数を指定された解答については，句読点（。、）や，かぎかっこなど（「　」『　』“　”）も1字に数えて答えましょう。解答用紙にマスがある場合は，行の最後のマスには，文字や句読点などをいっしょに書かず，句読点などは次の行の最初のマスに書きましょう。

8　答えを直すときは，きれいに消してから，新しい答えを書きましょう。

9　ふりがながふってある文字については，答えをひらがなで書いてもかまいません。

【問1】　歩さんは，米作り農家だった※曽祖母が作ったほし
がきを食べながら話しています。各問いに答えなさい。

※曽祖母…おじいさんやおばあさんの母親。ひいおばあさん。

会話

> 歩　：ひいおばあちゃんのほしがきはおいしいね。どうやって作ったの。
> 曽祖母：私の作り方かい。そうだねえ。最初に，きずがないしぶがきを選ぶ。
> 　　　　次に，ひもで結びやすいように，へたを残して皮をむくんだよ。そし
> 　　　　て，カビが生えないように熱湯をかけるの。その前にかきをひもで結
> 　　　　んでおいて，やけどしないように，そのひもを持つこと。そして，カ
> 　　　　ビが生えないように風通しの良いところにほす。私はやらないけど，
> 　　　　ほしたところに扇風機で風を送ったり，殺菌するために，かきに酒を
> 　　　　ふきかけたりする人もいるね。その後，私は1週間したら時々手でも
> 　　　　むんだよ。あまくなるよ。3週間程で食べごろだね。上手に保存する
> 　　　　と冬の間ずっと食べられるよ。
> 歩　：えっ，そんなに長い間食べられるの。
> 曽祖母：10月から11月に作って，3月ごろまで食べられるよ。冬が来るから先
> 　　　　を見てやる仕事だね。そういえばね，米作りの後の精米で出た米ぬか
> 　　　　を使って※たくあんをつける時に，むいたかきの皮をいっしょに入れる
> 　　　　と，たくあんがあまくなるの。むいた皮も　_a役に立つんだよ。
> 歩　：へえ，いろいろ考えられているんだね。
> 曽祖母：私が子どものころは，冬ならではの仕事も多かった気がするよ。
>
> ※たくあん…大根をほして，塩と米ぬかにつけこんだもの。たくわんともいう。

(1)　歩さんは，**会話**をもとに，曽祖母のほしがき作りの手順を**表1**にしました。

①　**表1**の　あ　～　お　に当てはまる手
順について，**会話**をもとに，次の**ア〜ク**から1
つずつ選び，記号を書きなさい。

> ┌ **ア**　種をぬく　　**イ**　酒をふきかける
> │ **ウ**　ひもで結ぶ　**エ**　熱湯をかける
> │ **オ**　時々手でもむ　**カ**　皮をむく
> │ **キ**　風通しの良いところにほす
> └ **ク**　扇風機で風を送る

表1　曽祖母のほしがきの作り方

手順1	しぶがきを選ぶ
手順2	あ
手順3	い
手順4	う
手順5	え
手順6	お
食べごろをむかえる	

②　**会話**にある，下線部 **a** とは，どのようなことの役に立つのですか。**会話**の中
の言葉を使って答えなさい。

(2)　歩さんは，曽祖母が子どものころの長野県内各地の農家の人々が冬に行ってい
た仕事に興味をもち，**資料1〜資料3**を見つけました。

資料1 米のさいばいカレンダー

4月	5月	6月	7月	8月	9月
種まき	田植え	中ほし（田の水をぬくこと）			収穫（しゅうかく）

（資料1 農林水産省ウェブページより作成）

資料2 もの作りの仕事の時期

お詫び：著作権上の都合により，掲載しておりません。ご不便をおかけし，誠に申し訳ございません。
教英出版

資料3 食べ物作りの仕事の時期

お詫び：著作権上の都合により，掲載しておりません。ご不便をおかけし，誠に申し訳ございません。
教英出版

（資料2，資料3『おはなし長野県の民俗　上』，『風土の発見と創造　3風土産業』より作成）

① 歩さんは，**会話**と**資料1～資料3**をもとに**表2**を作りました。**表2**の「ほしがき作り」と「糸のより出し」について，他の仕事を例にして，それぞれの仕事をする月に当てはまるように○を入れなさい。また，表2の　**か**　，　**き**　に入る仕事を，下の**ケ～セ**から1つずつ選び，記号を書きなさい。

表2 それぞれの仕事をする月

仕事 ＼ 月	1	2	3	4	5	6	7	8	9	10	11	12	期間
米作り				○	○	○	○	○	○				6ヶ月
ほしがき作り													2ヶ月
糸のより出し													5ヶ月
か										○	○		2ヶ月
き								○	○	○	○		4ヶ月

> **ケ** 和紙すき　**コ** 野沢菜種まき～つけこみ　**サ** もちつき～氷もち作り
> **シ** ぞうり作り　**ス** わらぐつ作り　**セ** 大根ほし～たくあんのつけこみ

② 歩さんは，**会話**と**資料1～資料3**をもとに**表3**を作りました。**表3**の　**く**　，　**け**　に入る仕事の具体例を，**資料2**，**資料3**をもとにそれぞれ5字以内で書きなさい。なお，順番はどちらが先でもかまいません。

表3 昔の農家の冬の仕事

わかったこと	農作業のいそがしい時期に食べる氷もちや年中使う糸を冬に作った。　**く**　や　**け**　では，冬の寒さや何回もふる雪を利用した。
	米作りで出た米ぬかや，ほしがき作りで出たかきの皮を，たくあんをつける時に使った。
まとめ	当時の農家の人は　**こ**　ということに気付きました。

③ **表3**のわかったことをふまえ，　**こ**　に入る言葉を，**先の見通し，気候，むだ**の3つの言葉を用いて，30字以上50字以内で書きなさい。

- 3 -

【問2】 彩さんは，遠足でダムを見に行きました。すると，ダムの管理をしている方のお話から，ダムの水は，農業用水の他に発電にも使われていることがわかりました。

また，別の日にお父さんと車で出かけていると，電力会社名が書いてあるダムがいくつもあることに気付きました。

これらのことから，彩さんは，長野県には水力発電所がたくさんあるのではないかと予想をし，2019年度の資源エネルギー庁の資料を調べてみました。すると，長野県の水力発電所の数は全国で1位であることがわかりました。そこで彩さんは，長野県に接する県で水力発電所が多い上位5県の発電量などについて，次の**表1**，**表2**，**グラフ1**を作り，わかったことを**長野県の発電**としてまとめました。各問いに答えなさい。

表1 2019年度の発電量（単位：千kWh）

県名	水力発電所	火力発電所	風力・太陽光・地熱発電所	合計
長野県	7,929,013	49,647	158,230	8,136,891
富山県	9,084,935	6,396,625	33,170	15,514,730
岐阜県	8,356,132	40,958	86,598	8,483,688
新潟県	6,896,573	35,998,137	177,725	43,072,435
群馬県	4,063,851	172,709	263,266	4,499,826
山梨県	2,590,922	0	71,344	2,662,266

表2 発電所の数

県名	水力発電所	火力発電所	風力・太陽光・地熱発電所
長野県	170	1	40
富山県	126	3	13
岐阜県	98	1	27
新潟県	85	17	19
群馬県	74	3	62
山梨県	65	0	25

グラフ1 2019年度の発電のうちわけ

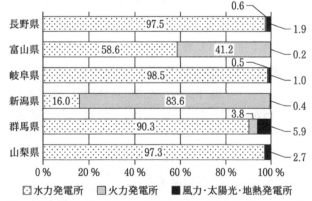

（表1，表2 資源エネルギー庁「電力調査統計表」（2019年度）より作成）

長野県の発電

- 長野県は，水力発電所の数は日本で一番多いものの，<u>a水力発電による発電量は日本で一番多いわけではない</u>。
- 長野県と富山県の火力発電について比べると，<u>b富山県の発電所の数は長野県より2つ多いだけだが，発電量は長野県の約130倍である</u>。
- <u>c海に接している新潟県と富山県</u>に比べ，長野県のように，海に接していない岐阜県，群馬県，山梨県は，県内の発電量の合計が少ない。

(1) 下線部 **a** のようにいえる理由を説明するために必要な資料を，**表1，表2，グラフ1**の中から1つ選び，解答らんに○をつけなさい。また，選んだ資料にある具体的な数を使って理由を書きなさい。

(2) 下線部 **b** のように，火力発電所について，長野県の1か所あたりの発電量は富山県と比べて少ないといえます。火力発電所がない山梨県を除いた**表1，表2**にある県の中で，火力発電所1か所あたりの発電量が最も少ない県はどこですか。また，その県の1か所あたりの火力発電所の発電量は長野県の何倍ですか。次の**ア〜ク**の中から1つずつ選び，記号で書きなさい。

ア 長野県	イ 岐阜県	ウ 新潟県	エ 群馬県
オ 約0.7倍	カ 約0.8倍	キ 約0.9倍	ク 1倍

(3) 下線部 **c** の県について共通していえることを，**表1**の海に接していない県と比べて，**表1**をもとに書きなさい。

(4) 彩さんは，長野県では火力発電による発電量が少ないことに疑問をもち，火力発電と水力発電の特ちょうについて調べ，**カード**にまとめました。

カード

火力発電	水力発電
・石油や石炭，天然ガスなどの燃料を燃やして，水をじょう気にして発電機を回し，発電する。 ・発電で使ったじょう気を冷やすために，大量の水が必要。 ・燃料のほとんどは，外国から輸入し，船で輸送している。 ・発電時に二酸化炭素を出す。	・川の水を※せきやダムなどでせき止めて，発電所の近くまで送り，高低差を使って水を急速に流して発電機を回し，発電する。 ・発電をするには，高低差が必要。 ・発電時に二酸化炭素を出さない。 ・ダムを作るときに，自然かんきょうに大きなえいきょうがある。

※せき…水を取り入れるために川に作った人工物。

長野県の火力発電による発電量が少ない理由を，彩さんがまとめた**カード**と，長野県の位置や地形などをもとに，**海，燃料**の2つの言葉を用いて書きなさい。

(5) 彩さんは，**表3**，**グラフ2**を見ながらお父さんと話をしています。

> 彩：長野県は水力発電所の数が多いけれど，もっと発電量を増やすためには，ダムを作って，水力発電所を作らなければいけないのかな。
>
> 父：ダムを新しく作るのは難しいみたいだね。長野県では「長野県企業局」という組織が，今あるダムを有効に活用するなどして水力発電所を増やしているようだよ。2017年からは，**表3**の6か所の水力発電所が新たに運転を始めたよ。
>
> 彩：**グラフ2**を見ると，<u>d 2020年から2025年にかけて水力発電所を約20か所も増やす見込みなのに，なぜ最大出力の合計はそれほど増えないのかな。</u>

表3 2017年以降に運転を始めた長野県企業局の水力発電所

発電所	運転開始年月	最大出力（kW）
A	2017.4	199
B	2017.4	999
C	2020.4	199
D	2021.4	199
E	2021.4	380
F	2021.6	199

グラフ2 長野県企業局の水力発電所の数と※最大出力の合計

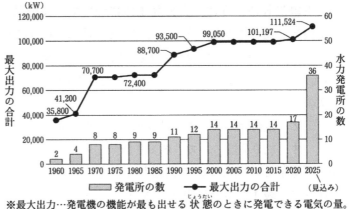

※最大出力…発電機の機能が最も出せる状態のときに発電できる電気の量。

彩さんは，長野県企業局が今後，水力発電所を増やしていくときの方針について調べたことをノートに書き，まとめようとしています。

① **表3**，**グラフ2**から，下線部 **d** に対する答えを，2015年以前の発電所1か所あたりの発電量と比べて書きなさい。

② **ノート**をもとに，彩さんのまとめとして考えられる文を，「これからの水力発電所は，」に続けて，40字以上60字以内で書きなさい。

ノート

○表3の発電所は，川の水量を調節したり，水を貯めたり，水力発電に利用したりするために作られていたダムのすぐ横に発電所を作り，川の水がなくならないようにダムから流していた水などを使って発電している。

○今後も，新しくダムを作るのではなく，今あるダムなどを有効に活用して，昔のように大きな工事がいらない発電所を作っていく。

○今後の水力発電所は，「地域連携型水力発電所」として建設していく予定。

○「地域連携型水力発電所」の特ちょうは，
 ・計画段階から地域住民と話し合う。
 ・地域の子どもたちに，発電所の名前を付けてもらう。
 ・地域の観光の場所等として使ってもらう。
 ・周辺かんきょうを地域とともに整備する。
 ・災害時に地域で電気が使えるようにする。

（**表3**，**グラフ2**，**ノート** 長野県企業局ウェブページより作成）

【問3】　2021年に行われた東京オリンピックや東京パラリンピックのニュースを見た太郎さんと花子さんが話しています。各問いに答えなさい。

会話

太郎：**図1**のような絵が，紹介されていたよ。オリンピックでは
　　　初めて，1964年の東京オリンピックで使用されたらしいよ。

花子：ピクトグラムという案内用図記号らしいね。**図1**は陸上競
　　　技を示すピクトグラムだけれど，ぱっと見て陸上競技であ
　　　ることがわかるね。

図1

図省略

（**図1**　公益財団法人東京オリンピック・パラリンピック競技大会組織委員会ウェブページより）

(1)　ピクトグラムに興味をもった2人は，1964年の東京オリンピックに関する資料を見つけ，**メモ**にまとめました。

メモ

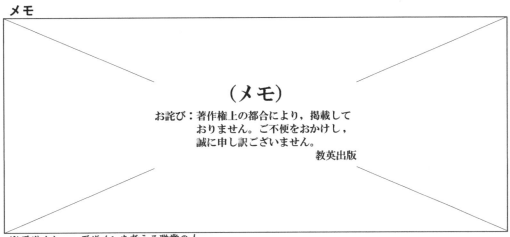

（**メモ**）

お詫び：著作権上の都合により，掲載して
おりません。ご不便をおかけし，
誠に申し訳ございません。

教英出版

※デザイナー…デザインを考える職業の人。
※著作権…文学・音楽作品などにおける作者の権利。他の人は作者の許しなしには，その作品を使用できない。

（マルクス・オスターヴェルター著『オリンピックデザイン全史1　1896〜1984』，
村越　愛策著『絵で表す言葉の世界』より作成）

①　**メモ**から読み取れることを，次の**ア〜エ**からすべて選び，記号を書きなさい。

　　ア　1964年の東京オリンピック以後に，一部の人だけがピクトグラムを
　　　　自由に使える権利を日本人デザイナーたちが設けた。

　　イ　1964年の東京オリンピックでは，競技を示したり施設へ案内したり
　　　　するためのピクトグラムが使われた。

　　ウ　1964年の東京オリンピック当時，外国の人と接する日本人は今より
　　　　少なく，各国の言語で場所等の表記をすることは簡単だった。

　　エ　1964年の東京オリンピックで使用したピクトグラムは，大会後，作
　　　　者の許しを得なくても使用できるようになった。

②　ピクトグラムで大切にされていることは何ですか。**会話**と**メモ**をもとに，
　　ひと目で，**言語**の2つの言葉を用いて書きなさい。

⑵　2人は，他にはどのようなピクトグラムがあるのか知りたくなり，自分たちが住むＡ市の**博物館，病院，動物園，映画館**に行き，見つけたピクトグラムをまとめました（**図2**）。また，それぞれの施設の方に**聞き取り**をしました。

図2

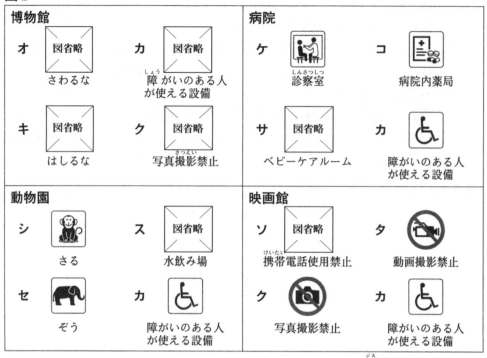

（**オ，カ，キ，ク，サ，ス，ソ**　JIS（日本産業規格）より）

聞き取り

博物館

国内外からお客様が来るので，ピクトグラムを使うと多くの人にルールを理解してもらえます。そのため，私たち職員からお願いしたいことなどの声をかける回数が減るので便利です。

病院

お年寄りや親子連れが多く来院します。院内には様々な部屋があるので，行きたい場所へ行くためにピクトグラムがあると便利です。車いすを利用できる設備を示すことで，職員が案内しなくても，車いすの患者さんに利用していただけます。

動物園

敷地が広く，親子で来るお客さんが多いことから，動物のいる場所がすぐにわかるように使っています。私たち職員が案内しなくても，見たい動物の場所へお客さん自身で行けるので役立っています。

映画館

様々な世代の方が来ます。会場への案内や，お互いに気持ちよく映画を見るためのルールを伝えるために，ピクトグラムが役に立ちます。特に上映中は，私たちがお願いの声をかけにくいので，ピクトグラムがあると便利です。

① 図2の**オ〜タ**から禁止を示すピクトグラムをすべて選び，記号を書きなさい。

② **聞き取り**の中で**博物館**と**映画館**の方から「ルールを示すピクトグラムを使うことは職員にとって便利」という内容の話がありました。その理由として当てはまるものを，**聞き取り**をもとに，次の**チ〜ト**からすべて選び，記号を書きなさい。

> **チ** 利用者が自分で行きたい場所を選んで行くことができるから。
> **ツ** 車いすが利用できる設備を職員から利用者に案内しなくてよいから。
> **テ** 利用者が自分でルールを理解して施設を利用することができるから。
> **ト** 職員がそのたびにお願いの声をかけなくてもすむから。

(3) 2人は，**図2**のピクトグラムについて調べていたところ，**資料**を見つけ，**図2**の**オ，カ，キ，ク，サ，ス，ソ**はJISで決められたものであることがわかりました。さらに，**図2**の**動物園**や**病院**のピクトグラムには，JISの中にはふくまれていないものが多くあることに疑問をもち，**図2**と**聞き取り**の内容を**表**に整理しました。

資料

JIS（日本産業規格）
日本の国内で統一された規格として多くの人が共通して理解したり，使用したりできるように定められた表示や，製品のサイズなどのこと。　JISマーク

（日本規格協会グループウェブページより作成）

表

	博物館や映画館	動物園や病院
JISで決められたピクトグラム	a 多い	少ない
使われているピクトグラムの特ちょう	**あ** を示すものが多い。	場所などを案内するものが多い。
利用者の特ちょう	（博物館） **い** の方 （映画館）様々な世代の方	（動物園）親子連れ （病院）お年寄りや親子連れ
使われているピクトグラムの目的	ルールを守り，映画や展示品を気持ちよく見るため。	**う** 。

① **図2**や**聞き取り**をもとに，**表**の **あ** 〜 **う** に当てはまる言葉を書きなさい。

② **表**の下線部 a のように，**博物館**や**映画館**でJISのピクトグラムが多く使われている理由を，**聞き取り**と**資料**をもとに書きなさい。

す。ハエトリグサは虫を捕らえ、虫から窒素を含むタンパク質を※摂取する方法を身につけることによって、決して"密"にはならない自分だけの生育地を確保したのです。

「虫を食べて、窒素を含む栄養を取り込む」という能力を身につければ、生育地を奪い合う競争をせずに他の植物たちが育つことができない土地で、"密"にならずに、生きていくことができるからです。

b「必要は、発明の母」ということわざがあります。"発明王"といわれる、トーマス・エジソン(一八四七～一九三一)の言葉といわれることがあります。でも、ほんとうは、もう少し古くから、一七二六年に、イギリスの小説家、ジョナサン・スウィフトが出版した『ガリバー旅行記』の中に出てきたものとされます。

ハエトリグサは、もっと古くから生きているでしょうから、このことわざを知っていたはずはありません。しかし、ハエトリグサのもつ、虫を捕らえる捕虫葉は、このことわざの一つの例といえるでしょう。

(田中 修 著『植物のいのち』)

※摂取…取り入れて自分のものとすること。
※肥沃…土地が肥えていて、農作物がよくできること。
※獰猛…あらあらしく、乱暴な様子。
※枯死…草木が枯れること。

(1) 文中の あ 、 い に入る言葉を、次のア～オから一つずつ選び、記号を書きなさい。

ア 痩せた土地でしか生きられないのか
イ 日当たりの良い場所を好んで生活するのか
ウ 光合成をしてエネルギーを吸収しないのか
エ 虫を捕らえて食べるのか
オ 根から窒素を含んだ養分を吸収しないのか

(2) ―線部 a では、人間の栄養の取り方の事例が書かれています。その理由として最もふさわしいものを、次のカ～ケから一つ選び、記号を書きなさい。

カ 直前の説明について、具体的に想像できるようにすることで、読み手の理解を助けるため。
キ 人間と植物の同じ点とちがう点を挙げることで、読み手が植物に親しみをもって読めるようにするため。
ク 自分の主張の説得力をさらにもたせることで、この後で取り上げる読み手の反論をおさえるため。
ケ 植物を人間にたとえることで、かえって植物とのちがいを明らかにし、読み手の疑問をもちやすくするため。

(3) ―線部 b が示すことわざを、筆者は本文の中でどのようにとらえているかをふまえ、これまでの経験をもとにあなたの考えたことを、次の条件にしたがって書きなさい。

条件
・文字数は、百六十字以上二百字以内として、二段落構成とすること。なお、書き出しや段落を変えたときの空白になるマスも一字に数えます。
・一段落目には、本文の「必要は、発明の母」ということわざについて、筆者は、ハエトリグサにとっての「必要」と「発明」が、それぞれ何にあたると考えているかを書くこと。
・二段落目には、あなたがこれまでの生活の中で、「必要」にせまられ、その解決に向けて工夫して取り組んだ経験と、その経験から学んだことを具体的に書くこと。

【問4】 次の文章を読んで、各問いに答えなさい。

ある種類の植物が"密"の状態で生育をはじめると、光や水や養分などの奪い合いの生存競争がおこります。その結果、競争に敗れた個体は、生育が悪くなって、やがて※枯死していきます。

（中略）

他の植物たちと生育する場所をずらすことで、"密"を避けている植物がいます。昆虫などの小さな動物を捕らえて、栄養を吸収する植物たちで、これらは「食虫植物」といわれます。ですから、「食虫植物は、虫を食べるという、※獰猛な生き物である」と考えられがちです。しかし、食虫植物には、生き残るために、昆虫を食べざるを得ない事情があったのです。

食虫植物として人気者のハエトリグサを例に、昆虫を食べるのもやむを得なかった事情を紹介します。この植物はモウセンゴケ科に属し、原産地は北アメリカです。「ハエトリソウ」や「ハエジゴク」などの名前で、園芸店などで販売されることもあります。

この植物の葉っぱは、二枚貝が開いたような状態で向き合っています。一枚の葉の中には三本のトゲのような「感覚毛」とよばれる毛があります。ハエなどの虫がこの毛に触れると、二枚の葉がピタンと合わさるようにすばやく閉じて、葉と葉の間に閉じ込めてしまいます。この葉は、「捕虫葉」とよばれます。

多くの植物は、光合成によって、生きるためのエネルギーや成長のための栄養を得ています。それに対し、食虫植物は「虫を捕らえて、食べて栄養としている」といわれます。そのため、「食虫植物は、光合成をしない」と思われがちです。

しかし、そうではありません。ハエトリグサは、いかにも動物のように生きているという印象がありますが、この植物は、ふつうの植物と同じように、光合成のための光を吸収する色素である、緑色のクロロフィルをもっています。ですから、食虫植物は光合成を行います。「食虫植物

は、虫を食べるから、光合成をしない」というのは、誤解なのです。

食虫植物であるハエトリグサは、光合成を行いますから、日当たりの良い場所を好んで生活します。この植物は、「虫から栄養を得る」と思われていても、十分な光と水があれば、光合成をするのです。

ですから、成長や生きるためのエネルギーとなるデンプンは、自分で作ることができます。そのため、光合成で作ることができるデンプンを求めてはいません。それなら、「なぜ、　あ　」という疑問がおこります。

実は、ハエトリグサが虫から手に入れているのは、タンパク質などの窒素を含んだ物質です。植物が生きていくために必要なタンパク質やクロロフィル、遺伝子などをつくるためには、窒素が必要なのです。

ハエトリグサは、タンパク質などをつくるために必要な窒素を、虫から取り入れる方法を身につけました。ちなみにこの方法は、そんなに突拍子もないものではありません。私たち人間も、窒素を含むタンパク質などの栄養を、ウシやブタ、ニワトリや魚の肉から取っています。

ふつうの植物は、窒素を含んだ養分を、土の中から吸収します。そのため、私たちが植物を栽培するときには、土の中に不足しがちな窒素、リン酸、カリウムを三大肥料として、土に与えます。

では、「なぜ、ハエトリグサは、　い　」という疑問が浮かびます。

実は、この植物の原産地は、北アメリカの窒素の養分をあまり含まない痩せた土地なのです。そのため、ハエトリグサは、土の中から窒素という養分を十分に吸収できません。そこで「虫のからだから、窒素を含んだ物質を取り込む」という能力を身につけたのです。そうすることで、栄養分の乏しく痩せた土地でも生きていけるようになったのです。

ふつうの植物は、その養分が乏しく痩せた土地では生きていけません。ですから、「そんなしくみを身につけてまで、肥沃でもない土地に生きる利点はあるのか」との疑問が残ります。

その答えが、他の植物と"密"になって育つことを避けることなので

- 11 -

K 教英出版

令和4年度

適性検査Ⅱ (50分)

注　意

1　「始め」の合図があるまで，中を開かないでください。

2　検査問題は，【問1】から【問4】まであり，問題冊子の2～11ページに
印刷されています。

3　解答用紙に氏名，受検番号をまちがいのないように書きましょう。

4　解答は，すべて解答用紙の 　　　　　 の中に書きましょう。

5　検査が始まってから，印刷がはっきりしないところや，ページが足りない
ところがあれば，静かに手をあげてください。

6　下書きなどが必要なときは，問題冊子のあいているところを使いましょう。

7　答えを直すときは，きれいに消してから，新しい答えを書きましょう。

【問1】　各問いに答えなさい。

(1)　あるお店では，全品定価の3割引で商品を買うことができます。このお店では，商品を買うときに支払い額の20％がさらに値引きされるキャンペーンを期間限定で行っています。この期間中に，このお店で買い物をすると，定価の何％の金額で商品が買えますか。次のア～オから1つ選び，記号を書きなさい。

〔　ア　40％　　　イ　44％　　　ウ　50％　　　エ　56％　　　オ　60％　〕

(2)　図1のような本だなに3種類の本（本A…厚さ7cm，本B…厚さ4cm，本C…厚さ3cm）を背表紙が見えるようにすきまなく立てて並べていきます。

　1段目には，本Aだけをつめて並べていくと，7冊までは並びましたが，できたすきまに8冊目は入りませんでした。

　2段目には，本Bだけをつめて並べていくと，本B1冊が入らないすきまができました。そのすきまに本C1冊を入れたところ，すきまなく本だなにぴったり並べることができました。

　3段目には，本Cだけをつめて並べていくと，わずかにすきまができました。本C1冊を本B1冊に置きかえたところ，すきまなく本だなにぴったり並べることができました。

　このとき，本だなのうちのりは何cmか，整数で書きなさい。ただし，この本だなのうちのりはどの段も同じとし，本を動かしたり，並べたりすることで本だながゆがんだり，本の厚さが変わったりしないものとします。

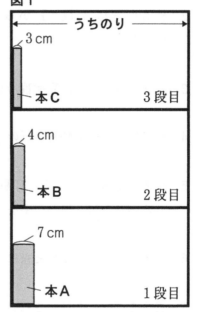

図1

うちのり

3cm

本C　　　3段目

4cm

本B　　　2段目

7cm

本A　　　1段目

(3) 図2のように，ある長方形の紙から，短い辺を1辺とする正方形を切り取ります。次に，余った長方形から同じようにして短い辺を1辺とする正方形を切り取ります。この作業をくり返し，元の長方形から全部で7枚の正方形を切り取ると，紙は余りません。切り取っていく7枚の正方形のうち2枚は1辺が1cmの正方形となりますが，残りはすべて大きさのことなる正方形です。このとき，元の長方形の長い方の辺は何cmか書きなさい。

図2

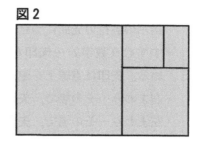

(4) 図3は，マットに置かれた**立方体**を示したものです。図3のD，Eから矢印の向きにそれぞれカメラで撮ったものが図4の2枚の写真です。下の**カ〜ケ**の展開図のうち，組み立てたときにマットに置かれた**立方体**の模様と同じにならないものはどれか，下の**カ〜ケ**から1つ選び，記号を書きなさい。ただし，**立方体**がマットと接している面に模様はないものとします。

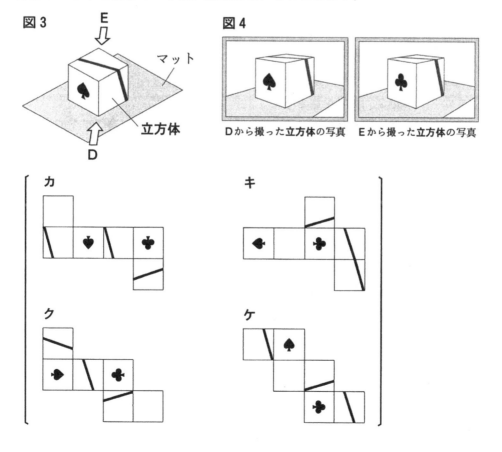

図3

マット

立方体

図4

Dから撮った立方体の写真　　Eから撮った立方体の写真

カ

キ

ク

ケ

【問2】 各問いに答えなさい。

(1) **ルール1**にそって指示を出し，**矢印**（ 介 ）を動かします。

ルール1

・指示の各行の先頭につけられた番号（1，2，3…）の順に**矢印**を動かす。
・すすむ（数字）…**矢印**が向いている方向に，（　　）内の数だけマスを進める。**矢印**は点線上を進み，ななめに動かすことはできない。
・右まわり…その場で，**矢印**の向きを右に90度変える。
・左まわり…その場で，**矢印**の向きを左に90度変える。

指示1のはじめのとき，**矢印**は**図1**のスタートの位置にありました。**指示1**にしたがい，**矢印**を**指示1**のおわりまで動かすと，**矢印**は**図1**のストップの位置まで来ました。

指示1

はじめ
1　右まわり
2　すすむ（1）
3　左まわり
4　すすむ（3）
おわり

図1

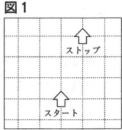

① **指示2**のはじめのとき，**矢印**は**図2**のスタートの位置にあります。**指示2**にしたがい，**矢印**を**指示2**のおわりまで動かすと，**矢印**は**図2**の**ア～キ**のどの位置に来ますか。1つ選び，記号を書きなさい。また，そのとき**矢印**が向いている方向として当てはまるものを，次の**ク～サ**から1つ選び，記号を書きなさい。

指示2

はじめ
1　すすむ（2）
2　右まわり
3　すすむ（2）
4　右まわり
5　すすむ（2）
6　左まわり
おわり

図2

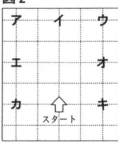

〔　**ク** ⇨　　**ケ** ⇦　　**コ** ⇧　　**サ** ⇩　〕

② **矢印**は**図3**のスタートの位置にあります。合計10マス動かして，**矢印**が×を通らず🏁にたどり着くためには，どのような指示を作ればよいですか。その指示を**指示1**や**指示2**のように番号をつけて書きなさい。

図3

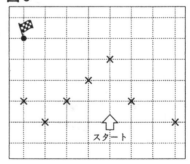

K教英出版

(2) **ルール2**にそって，**矢印**（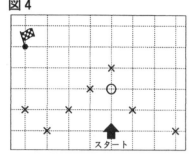）が自動で進み続けます。

ルール2

> ・**矢印**は**図4**のわくの中を動く。
> ・**矢印**は向いている方向に点線上を進む。ななめに進むことはできない。
> ・点線上の〇に来ると，**矢印**は向きを右に90度変える。
> ・点線上の×，または🏁に着いたら**矢印**は止まる。

矢印は**図4**のスタートの位置から動きます。できるだけ少ない数の〇を使用して，**矢印**が×を通らず🏁までたどり着くよう，解答らんの**図4**に〇をかき加えなさい。ただし，〇は点線が交差した×のない場所にだけかくことができます。

図4

(3) **作業の流れ1**と**作業の流れ2**は，黒と白のいろいろな形のカードを分けて箱に入れる手順を表したものです。

① **作業の流れ1**にそって分けると，「♥」のカードはAの箱に入り，「◎」のカードはCの箱に入ります。このとき，**セット1**の10枚のカードは，Aの箱〜Cの箱にそれぞれ何枚ずつ入るか，数字を書きなさい。

作業の流れ1

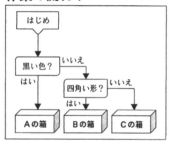

セット1

② **作業の流れ2**にそって，**セット2**の12枚のカードをDの箱〜Gの箱に同じ数ずつ分けます。**作業の流れ2**を完成させるため，あ と い に当てはまるものを下のシ〜タから1つずつ選び，記号を書きなさい。

作業の流れ2

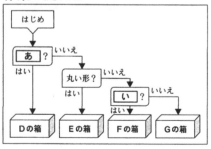

セット2

> シ　三角の形　　ス　四角い形　　セ　星の形
> ソ　ハートの形　タ　黒い色

- 5 -

【問3】　唯さんと洋さんは，家の近くで蚕を供養した碑を見つけたことから，地域で※養蚕がさかんだったことを知りました。そして，蚕がどのような生き物なのか興味をもち，学級で蚕の飼育を始めました。各問いに答えなさい。

※養蚕…繭から糸を取るために蚕を育てること。

(1)　唯さんは，卵からかえった日（1日目）と次の日（2日目）の蚕をそれぞれ観察していると，蚕の体長が3倍になっていることに気付きました。そこで，飼育した日数と体長を，繭を作り始めるまで記録することにしました。

　　ある朝，唯さんが登校してから蚕が入っている飼育箱を観察すると，前日の放課後にあげた※桑の葉があまり減っていないことに気付きました。ところが，朝にあげた桑の葉は，その日の放課後にほとんどなくなっていました。このことについて洋さんと話しています。

※桑の葉…蚕のエサになる植物の葉。

唯：どうして夜は桑の葉があまり減っていなかったのだろう。

洋：昼と夜とでは食べる量がちがうのかもしれないね。

唯：それとも，室内の明るい時間が長い方がたくさん食べるということなのかな。室内の a 明るい時間が長い場合と，暗い時間が長い場合を比べると，どちらがたくさん桑の葉を食べるのか調べてみたいな。

---

①　下線部aについて，2人は，蚕が桑の葉を食べる量と室内の明るい時間とが関係しているのではないかと考え，明るい時間以外の条件はすべて同じにした**飼育箱を置く部屋**を用意し，確かめることにしました。

飼育箱を置く部屋

❶ 24時間明るい部屋　　　 ❷ 12時間は明るく，12時間は暗い部屋

　　2人は，❶の方が蚕が桑の葉を多く食べるだろうと予想しています。蚕が桑の葉を食べる量と室内の明るい時間とが関係していることをよりはっきりさせるために，❶と❷に加え，別の条件の部屋をもう1つ用意しようと考えています。それに最も適する条件の部屋はどのような部屋か書きなさい。

　　その後，蚕はどんどん大きくなり，26日目に繭を作り始めました。大きさを記録した**表**を見ながら2人が話しています。

表

※齢	1齢			2齢			3齢				4齢					5齢									
日数（日目）	1	2	3	4	5	6	7	8	9	10	11	12	13	14	15	16	17	18	19	20	21	22	23	24	25
体長（mm）	1	3	5	5	7	8	8	10	12	16	16	20	23	26	29	29	32	35	39	44	52	58	64	72	79

※齢…脱皮から脱皮までの期間。

(1)①完答5点
　②3点
(2)①表…2点×2
　　か・き．2点×2
　②完答3点
　③5点

(4) 4点
(5) 5点×2

問1計

【問2】

		表1	表2	グラフ1
(1)				
(2)	県			
	倍			
(3)				
(4)				

【問3】

(1)	①	
	②	
(2)	①	
	②	
(3)	①	あ
		い
		う
	②	

(1)①完答3点　②4点
(2)完答3点×2
(3)①3点×3　②4点

問3計

160

問 4 計

得点合計

(1) 3 点 × 2
(2) 3 点
(3) 14点

K 教英出版

おわり

図4

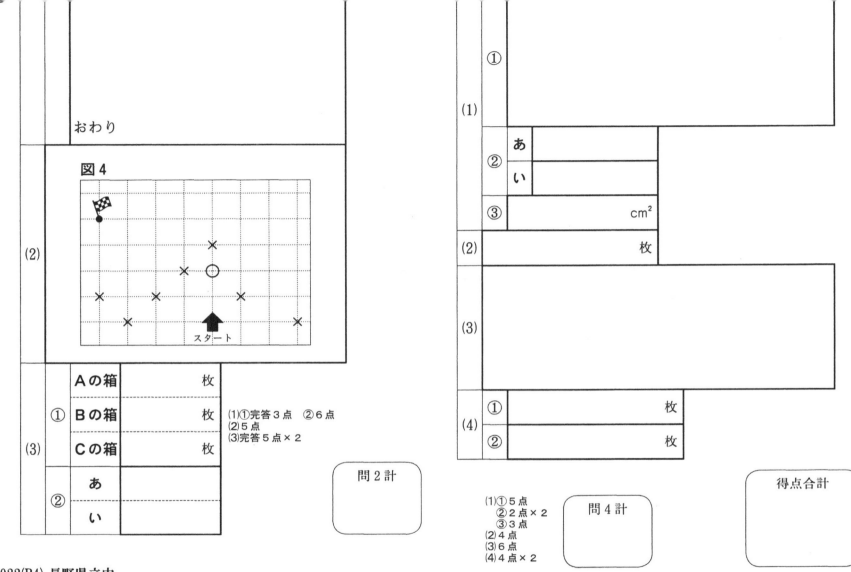

スタート

(2)			

(3) ① Aの箱 　枚
Bの箱 　枚
Cの箱 　枚

② あ
い

(1)①完答3点　②6点
(2)5点
(3)完答5点×2

問2計

(1) ①
② あ
い
③ 　cm²

(2) 　枚

(3)

(4) ① 　枚
② 　枚

(1)①5点
　②2点×2
　③3点
(2)4点
(3)6点
(4)4点×2

問4計

得点合計

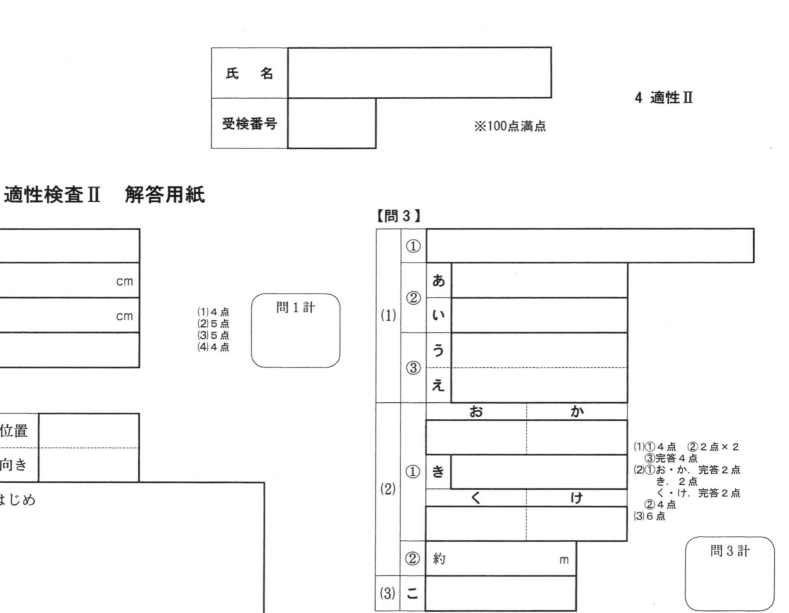

氏　名

受検番号

※100点満点

4　適性Ⅱ

適性検査Ⅱ　解答用紙

【問1】

(1)	
(2)	cm
(3)	cm
(4)	

(1)4点
(2)5点
(3)5点
(4)4点

問1計

【問2】

		位置	
	①	向き	
(1)		はじめ	

【問3】

	①	
(1)	②	あ
		い
	③	う
		え

		お	か
(2)	①	き	
		く	け
	②	約　　　　　m	
(3)	こ		

(1)①4点　②2点×2
　　③完答4点
(2)①お・か. 完答2点
　　き. 2点
　　く・け. 完答2点
　　②4点
(3)6点

問3計

【解答用

氏　　名	
受検番号	

適性検査Ⅰ　　解答用紙②

【問4】

(3)	(2)	(1)
		あ
		い

200

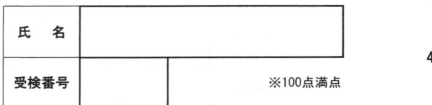

4 適性I ①

※100点満点

適性検査I　解答用紙①

【問1】

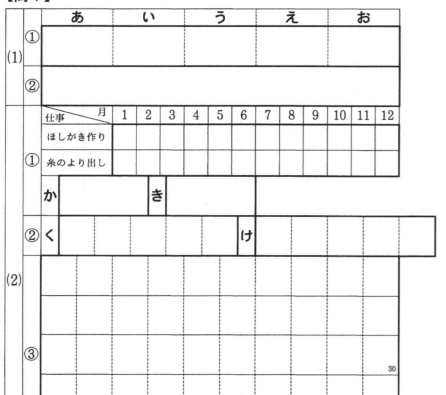

【問2】

①	
(5)	これからの水力発電所は、
②	

40

60

洋：ぼくたちのお蚕さんでは，一番大きくなっているの
　　は5齢のときだ。16日目から25日目で あ mm
　　も大きくなっているよ。後からぐんぐん体長が大き
　　くなっているのがわかるね。

1齢の蚕

5齢の蚕

唯：えっ，そうかな。1齢から3齢の終わりまでを比べ
　　ると，1日目から10日目で い 倍にもなってい
　　るよ。だから体長は5齢のときよりも始めのころの
　　方が一番大きくなっているのではないかな。

洋：確かにそうとも言えるけれど，b唯さんとぼくとでは比べ方がちがうね。

唯：私は体長の う で比べているけれど，洋さんは体長の え で比
　　べているんだね。

② あ ， い に当てはまる数をそれぞれ書きなさい。

③ 下線部bについて，2人の比べ方はどのようにちがいますか。 う ，
　 え に当てはまるふさわしい言葉を書きなさい。

(2)　2人は，蚕が繭を作っているようすを見守りなが
　　ら，繭から取れる糸がどれくらいの長さになるか知
　　りたくなりました。そこで，江戸時代から明治時代
　　ごろまで使われていた座繰器（図1）を資料館から
　　借りて，実際に繭から糸をまき取りながら長さを計
　　算することにしました。

図1

繰枠
ハンドル

唯：ハンドルを1回転させると，糸をまき取る
　　繰枠が9回転もしているよ。どうして繰枠
　　がこんなに回るんだろう。

図2
歯車D（歯の数12）
歯車Dと繰枠の軸は一体
繰枠の軸
歯車C（歯の数36）
歯車B（歯の数12）
歯車Bと歯車Cは一体
ハンドル
歯車A（歯の数36）

洋：歯の数が36の歯車と，歯の数が12の歯車
　　がそれぞれ2個あるね（図2）。ハンドル
　　を1回転させると歯車Aも1回転するよ。
　　歯車Aと歯車Bの歯の数の比が お ： か だから，歯車Aが1回
　　転すると歯車Bは き 回転するよ。

唯：歯車Bと歯車Cはくっついていて，歯車Bが1回転すると歯車Cも1回転
　　するね。歯車Cと歯車Dの歯の数の比も お ： か だから，歯車
　　Cが1回転すると歯車Dは き 回転するんだね。

洋：そうそう。つまり，歯車Aと歯車Dの回転数の比が

　　　 く ： け になっているんだよ。歯車Dと

　　繰枠の軸はくっついているから，歯車Dが9回転す

　　ると繰枠も9回転するんだよ。

唯：これなら糸をまき取るのも早くできそうだよ。

洋：繰枠を横に見たときの1つの辺の長さは約15cm

　　だったよ（**図3**）。繰枠にまき取られた糸の形を，一辺の長さが15cmの

　　正方形と見立てると糸の長さを調べられるね。

唯：後はハンドルを回した数を数えていけばいいね。じゃあ，回すよ。

図3

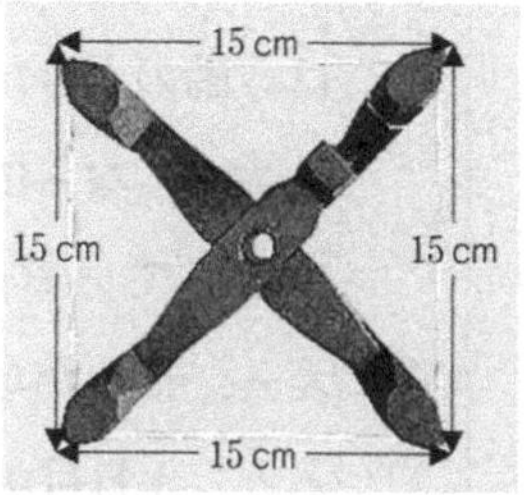

15 cm

15 cm　　15 cm

15 cm

① お 〜 け に当てはまる整数を書きなさい。ただし， お ： か ，

　 く ： け の比を簡単にするものとします。

② 唯さんたちは，ハンドルを同じ方向にちょうど100回転させました。このと

　き，糸は約何mまき取ることができたと考えられるか答えなさい。

(3) 2人は，資料館で見つけた※絹織物を作るにはどれくらいの繭が必要なのか知

　りたくなりました。そこで，図書館の本やインターネットで調べたことを，**メモ**

　にまとめました。

※絹織物…蚕の糸で織られた織物。

メモ

・取れた糸のうち，約85％が製品として生糸になる。

・※1反の絹織物を作るには，生糸が約900g必要。

・乾燥させた繭1個の重さは約2g。

・乾燥させた繭1個から取れる糸の重さは，全体の重さの

　約20％。残りは，さなぎ等の重さ。

繭

さなぎ

乾燥させた繭
の切断面

※1反…はば約36cm，長さ約12mの昔の布の単位。大人1人分の着物に使う量。

　　メモを見ながら，2人が話しています。

洋：計算したら1反の絹織物を作るために必要な繭の数は約 こ 個だよ。

唯：すごい数だね。大人1人分の着物を作るのに，こんなにたくさんの繭を使

　　うんだね。

洋：お蚕さんの命をたくさんいただいて，絹織物を作っていたということか。

唯：繭の1個1個が，お蚕さんの命そのものだものね。供養のための碑を建て

　　た方々の気持ちもわかるような気がするよ。

　　　 こ に当てはまる数を，**メモ**にある数を使って求めなさい。ただし，四捨

五入で，百の位までのがい数にしなさい。

【問4】 光<ruby>光<rt>ひかり</rt></ruby>さんとお母さんは，家の部屋にカーペットをしきたいと思い，オンラインストアで見つけた※タイルカーペット（図1）について話しています。各問いに答えなさい。

図1
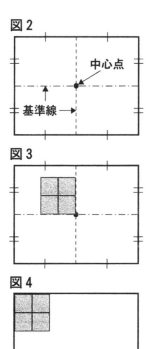

※タイルカーペット…パネル状のカーペット。

> 光：私の部屋に，正方形の白色のタイルカーペットをしきたいな。
> 母：そのタイルカーペットが何枚<ruby>何枚<rt>なんまい</rt></ruby>必要なのか，考えないとね。
> 光：まずは，部屋の広さを調べてみるね。

(1) 光さんは，部屋の形は長方形で，縦<ruby>縦<rt>たて</rt></ruby>と横の長さは，短い方が 2.7 m，長い方が 3.6 m であることを調べました。

① 光さんは，部屋の面積をもとに計算して，一辺の長さが 50 cm のタイルカーペットが 39 枚あれば，自分の部屋にしきつめることができると求めました。光さんはどのように計算して 39 枚と求めたのか，式と言葉を使って書きなさい。

光さんは，このタイルカーペットをしきつめるために，タイルカーペットについて調べてわかったことを**メモ**にまとめました。

メモ
> ❶しきたい場所にあわせてカットして使うことができる。
> ❷部屋全体にすきまも重なりもなくしきつめるだけでなく，部屋のある一部分にだけ，並<ruby>並<rt>なら</rt></ruby>べて使うこともできる。
> ❸部屋の中心部分からしきつめていく方法がある。まずは，部屋の縦の辺の真ん中どうし，横の辺の真ん中どうしをそれぞれ直線で結んだ線である**基準線**と，その2本の**基準線**の交点である**中心点**を割り出し（**図2**），部屋の中心点から基準線にそって並べる方法である（**図3**）。

図2

中心点

基準線→

図3

図4

> 光：私の部屋は❸のように並べる（図3）と，このタイルカーペット 39 枚のうち， あ 枚はカットしないでしくことができるね。
> 母：でも， a このタイルカーペットを部屋の隅<ruby>隅<rt>すみ</rt></ruby>からしきつめる（図4）と， い 枚はカットしないでしくことができるよ。残りのすきまは，タイルカーペットをカットしてしきつめようね。

② あ ， い に当てはまる数をそれぞれ書きなさい。

③ 下線部 a について，すきまの部分に，❶のように余ったタイルカーペットをカットしながらしきつめていくとき，最後はタイルカーペットが何 cm² 余るか書きなさい。

- 9 -

(2)　2人は，タイルカーペットを実際に見るために，ホームセンターへ行きました。お母さんは，リビングのテーブルの下に，正方形のタイルカーペットをしきたいと思い，何枚か買おうと考えています。

> 母：このお店で買うと，1枚400円だね。何枚かまとめて買いたいけれど，b同じタイルカーペットを，このお店で買うのと，オンラインストアで買うのとでは，どちらの方が安いのかな。
>
> 光：お母さん，**オンラインストアの価格表**を見つけたよ。このお店のタイルカーペットと同じ物だよ。比べてみようよ。

下線部bについて，このホームセンターで売っているタイルカーペットは，1枚あたり税込で400円です。このタイルカーペットを買うとき，光さんが見つけたオンラインストアで買った方が安くなる最も少ない枚数を書きなさい。

オンラインストアの価格表

枚数	金額	送料
1枚〜9枚	1枚あたり 250円	650円
10枚セット	1セット 2,500円	無料

（価格はすべて税込）

(3)　2人は，六角形のタイルカーペットを見つけました。

> 光：この六角形のタイルカーペット（**図5**）は，辺の長さがすべて等しく，角の大きさもすべて等しいよ。正六角形だね。これも，タイルカーペットの辺どうしをぴったりあわせて，しきつめることができるね（**図6**）。
>
> 母：正六角形を並べると，できた形がおしゃれだね。
>
> 光：正方形や正六角形のタイルカーペットが売られているなら，正五角形のタイルカーペットもあるのかな。あれっ，ないなあ。
>
> 母：図形で考えてごらん。正六角形とちがって，c正五角形だけでは，辺どうしをぴったりあわせようとしても，すきまができてしきつめることはできないよ。
>
> 光：あ，そうか。合同な正多角形でしきつめることができるのは，正三角形と正方形と正六角形だけだ。

図5

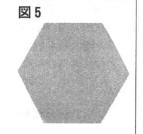

図6

下線部cについて，正五角形だけでは，しきつめることができません。その理由を，正五角形の1つの角の大きさに着目し，**360°**という言葉を使って書きなさい。ただし，正五角形は切らずに使うものとします。

(4) 光さんは，正六角形のタイルカーペットについて，店員さんに質問しています。

光　：正六角形のタイルカーペット（**図7**）の大きさの
　　　表示には，50 cm ×約 43 cm って書いてあるのです
　　　が，50 cm や約 43 cm はそれぞれどこの長さですか。

図7

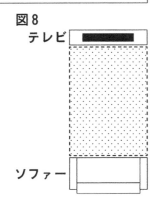

店員：50 cm は AD の長さで，約 43 cm は BF の長さで
　　　すよ。

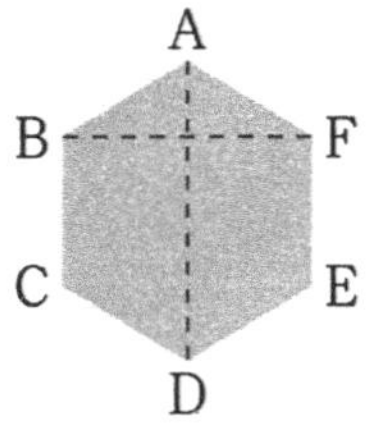

光　：このタイルカーペットをしくのに，どこかおすすめの場所はありますか。

店員：例えば，リビングなどにしくと，おしゃれですよ。

光　：なるほど。家のリビングの**テレビ**と**ソファー**の間に，このタイルカー
　　　ペットを並べてみようよ。部屋の雰囲気（ふんいき）が変わるかもしれないよ。

母　：私も賛成（さんせい）よ。そうすると，私たちの家では <u>d何枚必要なのかな。</u>

店員：このタイルカーペットは，<u>eカットして使うことで，いろいろな形に
　　　することができますよ。</u>

光　：工夫すると，いろいろなしき方ができるんだね。

下線部 **d** について，光さんは，**図8**の ┈┈ の場所
を長方形と考えて，家に帰ってからこの場所の縦と横
の長さをそれぞれ測りました。すると，縦が 2 m，横
が 1.5 m でした。**図7**のタイルカーペットの約 43 cm は
43.3 cm とし，┈┈ の場所からはみ出ないようにして
しくとき，次の問いに答えなさい。

① ┈┈ の場所に，**図7**のタイルカーペットの辺ど
　うしをぴったりあわせながら，カットしないでなる
　べく多く並べるとき，**図7**のタイルカーペットを最
　大で何枚しくことができるか書きなさい。

② 下線部 **e** について，店員さんが1つの例として，
　大きな正六角形になるしき方を教えてくれました。
　図7のタイルカーペットを，並べたり，正三角形
　にカットしたりしながら，大きな正六角形の一辺
　の長さを 75 cm にすれば，**図9**のように，┈┈ の
　場所の中に並べることができます。このとき，**図7**
　のタイルカーペットが何枚必要か書きなさい。ただ
　し，カットしたものは，すべて使うものとします。

図8

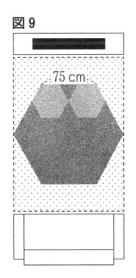

図9

75 cm

- 11 -

令和3年度

適性検査Ⅰ (50分)

長野県屋代高等学校附属中学校
長野県諏訪清陵高等学校附属中学校

注　意

1　「始め」の合図があるまで，中を開かないでください。

2　検査問題は，【問1】から【問4】まであり，問題冊子の2～11ページに印刷されています。

3　2枚の解答用紙それぞれに氏名，受検番号をまちがいのないように書きましょう。

4　問題冊子とは別に，2枚の解答用紙（**解答用紙①は【問1】から【問3】**用，**解答用紙②は【問4】**用）があります。解答は，すべて解答用紙の　　　　　の中に書きましょう。

5　検査が始まってから，印刷がはっきりしないところや，ページが足りないところがあれば，静かに手をあげてください。

6　下書きなどが必要なときは，問題冊子のあいているところを使いましょう。

7　字数を指定された解答については，句読点（。、）や，かぎかっこ（「　」『　』）なども1字に数えて答えましょう。

8　算用数字で答える場合は，2桁ごとに1マスを使いましょう。

9　答えを直すときは，きれいに消してから，新しい答えを書きましょう。

10　ふりがながふってある文字については，答えをひらがなで書いてもかまいません。

【問1】　太郎さんの学級は，アメリカの中学生と交流する予定です。一緒に日本の遊びをしたいと思った太郎さんたちは，日本の遊びに似たものがアメリカにもあるのではないかと考え探しているうちに，**だるまさんがころんだ**に似た**レッドライト・グリーンライト**を見つけました。どのくらい似ているのか確認するため，それぞれの**ルール**をまとめ，まずは自分たちで遊んでみました。各問いに答えなさい。

ルール　＊親はオニ・リーダーなどを示す。子は親以外の参加者を示す。

だるまさんがころんだ

① 親を1人決め，子は親からはなれてスタートラインにならぶ。

② 親は，子がいる方向と逆の方向を向く。子は，親が子の方をふり向くまでの間，親にタッチするために親に近づくことができる。

③ 親は，「だ・る・ま・さ・ん・が・こ・ろ・ん・だ」と言う。最後の「だ」を言うのと同時に子の方をふり向く。子は親がふり向くと同時に止まる。そのとき，動いていた子は，親に指名されてつかまる。**図1**

④ 親につかまった子は，親と手をつなぐ。2人目以降は親と手をつないでいる子とじゅずつなぎになる（**図1**）。

⑤ 親が子を全員指名するか，子の1人が親にたどり着くまで②～④をくり返す。

⑥ 親が子を全員指名したら，最初に指名された子が次の親になる。

⑦ 子が親にたどり着いたときに，親につかまっている子がいない場合は，子は親にタッチする。タッチされた親は，次のゲームでも親を続ける。

⑧ 子が親にたどり着いたときに，親につかまっている子がいる場合は，親にたどり着いた子が「切った」と言いながら，親と子のつないだ手を手刀で切る。同時にすべての子は親から逃げる。親が10数えて「止まれ」と言ったら，子はその場で止まる。

⑨ 親は10歩移動し，近くにいる子にタッチする。タッチされた子が次の親になる。子にタッチできなかったら，次も親を続ける。

レッドライト・グリーンライト

① 親を1人決め，子は親からはなれてスタートラインにならぶ。

② 親は「Green light（青信号）」と言って，子がいる方向と逆を向く。子は，親が子の方をふり向くまでの間，親にタッチするために親に近づくことができる。

③ 親は，自分の好きなタイミングで「Red light（赤信号）」とすばやく言いながら，突然ふり向く。子は，親がふり向くと同時に止まる。そのとき，動いている子がいたら，親は指名する（**図2**）。

図2

④ 子は，親に指名されたら，スタートラインにもどり，再びゲームに参加する。

⑤ 子の1人が親にタッチするまで②～④をくり返す。

⑥ 親は，子にタッチされたら，その子と親を交代する。

太郎さんたちは，それぞれの遊びを実際にやってみた後，気づいた点について出し合い，一緒に遊ぶためにはどのように説明すればよいかを**話し合い**ました。

話し合い

> ゆい：**レッドライト・グリーンライト**は，スタートラインから子が親に近づいていくところとか，**だるまさんがころんだ**と似ていたよね。
>
> 花子：そうだね。親がふり向くときに子が動きを止めたり，親が見ていないときに子が近づいたりするところも同じだね。
>
> 太郎：でも，親がふり向くタイミングがちがっていたよ。
>
> 花子：確かにそうだね。**レッドライト・グリーンライト**は，突然言葉を言ってふり向くのに対して，**だるまさんがころんだ**は， あ 　　　　から，子はある程度動きを止めるタイミングがつかめるね。
>
> 太郎：でも，逆に，**だるまさんがころんだ**より，**レッドライト・グリーンライト**の方が，親に近づくときにスリルがあって面白かったよ。
>
> ゆい：指名された子が，その後どうするのかについてもちがっていたね。
>
> 花子：**レッドライト・グリーンライト**は，指名されると い けれど，再チャレンジできるから楽しかったよ。
>
> ゆい：どちらの遊びも，子が親にタッチしにいこうとする動きは同じだけれど，<u>a子が親にタッチした後に，だれが次の親をやるのかはちがう</u>ね。
>
> 花子：そうだね。アメリカの中学生と一緒に**だるまさんがころんだ**をするには<u>b子が親にたどり着いたときの状きょう</u>によって，その後の動きがちがうことも説明した方がいいね。
>
> ゆい：似ていると思ったけれど，比べてみるとずいぶんちがうね。
>
> 太郎：ぼくもそう思う。**レッドライト・グリーンライト**では， う 続けようとしないと遊びは成り立たないけれど，逆に**だるまさんがころんだ**では， う 続けようとすると遊びは成り立たないよね。**だるまさんがころんだ**を一緒に楽しめるように，このちがいをしっかり説明することが大切だね。

(1) あ と い に当てはまるふさわしい言葉を，**ルール**をもとにそれぞれ書きなさい。

(2) 下線部 **a** について，どのようなちがいか，そのちがいを**親**という言葉を使って書きなさい。

(3) 下線部 **b** について，**だるまさんがころんだ**では，子が親のところにたどり着いたときに，2つの状きょうが考えられます。どのような状きょうか書きなさい。

(4) う に入るふさわしい言葉を「〜が〜を」の形で書きなさい。

【問2】　花子さんと太郎さんは,「お弁当の日」に持ってきた弁当箱について話しています。各問いに答えなさい。

> 花子：太郎さんは,新しいお弁当箱だね。どうしてそのお弁当箱を選んだの。
> 太郎：ぼくは赤が好きだから,このお弁当箱が気に入ったんだよ。それから,しるもれしない機能や保温の機能もあるよ。どうして花子さんはそのお弁当箱を選んだの。
> 花子：私は,形がハートだからこのお弁当箱にしたの。大きさも小さめだし。お弁当箱を選ぶ理由は人それぞれだね。みんなはどんな理由でお弁当箱を選んだのかな。

(1)　花子さんたちは,学級の仲間に自分の弁当箱を選んだ理由についてアンケートをとったところ,様々な理由が出てきたので,整理することにしました。まず,出された理由をカードに書き出し,次にそれらを関連するもので結び付けたり,キーワードでまとめたりして図1,図2のように整理しました。

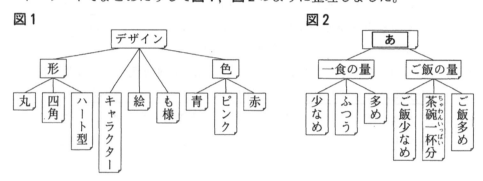

図1

図2

①　図2の　あ　に当てはまるふさわしい言葉を書きなさい。

②　図1,図2の分類に入らなかった,残ったカードを使って図3を完成させます。　い　～　か　に当てはまる最もふさわしいカードを,残ったカードのア～オから1つずつ選び,それぞれ記号で書きなさい。

残ったカード

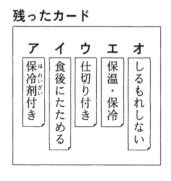

図3

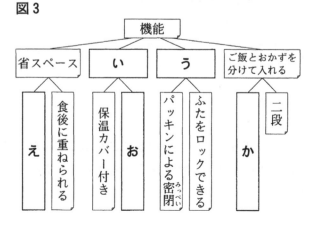

(2)　2人は，弁当箱を選んだ理由について**会話**をしています。

会話

太郎：いろいろな人に話を聞いてみて思ったのだけれど，お弁当箱を選んだ理由は1人1つとは限らないよね。花子さんは何を大事にして選んだの。

花子：私は，ハートの形と小さめなところ。それから色がピンクで，仕切りが付いていたこと。私が選んだ理由をカードに書いて，優先順に並べてみたよ（**図4**）。太郎さんの理由はどうかな。

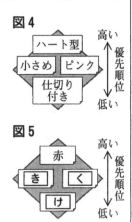

図4

太郎：ぼくが一番大事にしたのはやっぱり赤色。保温についてはあまり考えていなかったけれど，しるもれしないということや，たくさん入ることは必要だと考えたよ（**図5**）。

花子：改めて，**図1**から**図5**を見直してみると，私と太郎さんが選ぶときに一番に大事にしたのは　こ　という点で共通しているね。

①　**会話**をもとに，**図5**の　き　～　け　に当てはまるふさわしい言葉を，**会話**からぬき出して，それぞれ書きなさい。

②　　こ　に当てはまる最もふさわしい言葉を，**図1**〜**図5**のカードから1つぬき出して書きなさい。

(3)　2人は，先生の**木のお弁当箱**（**図6**）について先生と話しています。

花子：そういえば，先生のお弁当箱は木でできていますね。なぜ先生は，木のお弁当箱を選んだのですか。

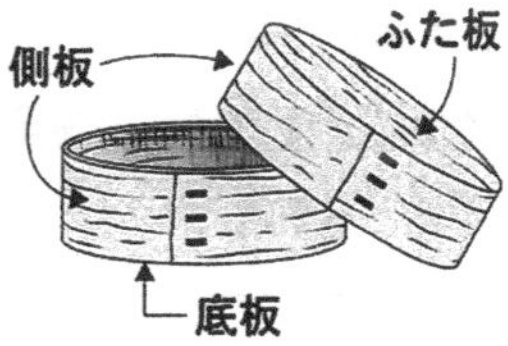

先生：木のお弁当箱は，冷めてもご飯がおいしいということが一番の理由です。それに，この**木のお弁当箱**は，めずらしい作り方をしているのですよ。

図6

太郎：どんなところがめずらしいのですか。

先生：秋田県はスギ，青森県はヒバを使うなど，木のお弁当箱は全国各地で作られています。でも，長野県のある地域で作られているこの**木のお弁当箱**は2種類の木が使われているから全国でもめずらしいのです。

花子：その2種類の木は何という名前ですか。

先生：ヒノキとサワラです。この2種類の木でできているのにも理由があってそれぞれの木のよさをいかすために，お弁当箱の側面（**側板**）と，上下の面（**ふた板・底板**）は別の材料が使われています。

花子：先生の**木のお弁当箱**は手がこんでいるのですね。

木のお弁当箱に興味をもった太郎さんたちは，作り方を示した図7を見つけ，話しています。

図7

❶側板を曲げる　❷側板を止めて乾燥する　❸ふた板・底板を接着する

ふた板／側板／側板／底板

太郎：図7を見ると，1枚のうすい板を曲げて作られた側板に，小判型のふた板や底板を接着して作っているんだね。でも，側板と，ふた板・底板は，それぞれ，ヒノキとサワラのどちらを使っているのかな。

花子：先生は，それぞれの木のよさをいかしていると言っていたよ。2つの木の特ちょうを調べてみたら，何かわかるかもしれないよ。

　太郎さんは，側板と，ふた板・底板に，それぞれ，ヒノキとサワラのどちらが使われているのか調べるために，資料を見つけ，それぞれの特ちょうを表にまとめることにしました。

資料

ヒノキ…福島県東南部以南の本州，四国，九州に分布。スギに次いで造林数が多く，スギとともに日本の代表的な木材。ねばりがあり，割れにくい性質がある。曲げる加工にも適しており，うすい板でも曲げることができる。寺や神社の建築資材として使われることが多い。	サワラ…本州の北部から九州北部にわたって分布。特に中部地方の山岳地帯で目立つ。造林されることもあるが，多くはない。柔らかく，割れやすい性質がある。割る，切る，削るという加工に適しており，曲線にも切断しやすい。使い道として，下駄や障子のわくがあげられる。

（製材・加工業者への取材より作成）

①　資料は分布，造林数，性質，適した加工，使い道の5つの観点について書かれています。この5つの中から，木のお弁当箱の側板とふた板・底板にどちらの木が使われているのかを判断するために必要な観点を2つ選び，それぞれ書きなさい。また，その観点について，ヒノキとサワラのそれぞれの特ちょうを，資料の言葉を用いて書きなさい。なお，それぞれの解答については解答らんの表の対応する空らんに書くこととします。

②　資料をもとに，木のお弁当箱の側板とふた板・底板に使われている木の名前をそれぞれ書きなさい。

【問3】 家族で県内旅行に出かけた太郎さんは，休けいのために寄った「道の駅」で，家族と話しています。各問いに答えなさい。

太郎：広い駐車場（ちゅうしゃじょう）だけではなく，お土産（みやげ）を売る売店やレストランもあるんだね。
父 ：ここは，道の駅という休けいをするための場所だよ。
太郎：去年の旅行のときに寄ったサービスエリアと似ているね。
父 ：a道の駅とサービスエリアには，ちがいがあるんだよ。くわしく調べてごらん。

図1

妹 ：見て。駐車場のすみに大きな箱のようなもの（図1）があるよ。
父 ：あれは，非常用発電機だよ。他にも，b同じ目的をもった設備がいくつかあるはずだから探してごらん。

(1) 下線部aについて，太郎さんは資料1，資料2を見つけ，それをもとに考え1をまとめました。考え1の あ ～ う に当てはまるふさわしい言葉を，それぞれ3字以上5字以内で資料1または資料2からぬき出して書きなさい。

資料1

長距離（ちょうきょり）ドライブが増え，女性や高齢者（こうれいしゃ）のドライバーが増加するなかで，道路交通の円滑（えんかつ）な流れを支えるため，安心して自由に立ち寄れ，利用できる快適な休けいのための空間が一ぱん道路にもほしいというニーズに応え，道の駅がつくられるようになりました。

資料2

高速道路の休けいし設は，提供（ていきょう）するサービスの内容，休けいし設相互（そうご）の位置関係によりサービスエリアとパーキングエリアに区分され，一ぱん的に，サービスエリアには休けい所，駐車場，トイレに加え，売店，食堂，給油所などが備わっています。

（資料1，資料2は，国土交通省ウェブページより作成）

考え1

道の駅もサービスエリアも あ という点では同じだが，サービスエリアが い におけるし設であるのに対し，道の駅は う におけるし設である。

(2) 下線部bについて，太郎さんは図2～図4を見つけました。これらは道の駅のある働きのために設置されています。それはどのような働きか，書きなさい。

図2 防災倉庫

図3 非常用トイレ

図4 非常用コンセント付き照明灯

(3)　道の駅の店についても興味をもった太郎さんは，さらに**資料3〜資料7**を見つけ，それらをもとに**考え2**をまとめました。**考え2**の　え　〜　く　に当てはまるふさわしい言葉をそれぞれ書きなさい。ただし，「観光客中心」は観光客割合7割以上，「※近隣居住者中心」は観光客割合7割未満を指すものとします。

※近隣…近所

資料3　各事業を運営している道の駅の割合

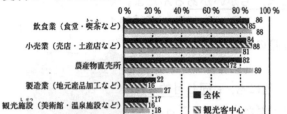

飲食業（食堂・喫茶など）　86　85　88
小売業（売店・土産店など）　84　88　81
農産物直売所　82　72　89
製造業（地元産品加工など）　22　16　27
観光施設（美術館・温泉施設など）　17　16　18
体験プログラム（果物狩りなど）　16　14　17

■全体
▨観光客中心
▦近隣居住者中心

資料4　道の駅の観光客割合の分布

9割以上 14％
2割以下 13％
3割〜4割 21％
5割〜6割 20％
7割〜8割 32％

資料5　旅行先で土産品を選ぶ際に重視すること

1　※地場産品であること
2　そこでしか購入できない商品であること
3　試食したらおいしかった

※地場…地元

資料6　旅行先で食事を選ぶ際に重視すること

1　その土地の名物料理であること
2　新鮮な食材を使っていること
3　地元でとれた食材を使っていること

資料7　地場産品の※付加価値向上策に取り組んでいる道の駅の割合

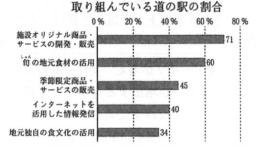

施設オリジナル商品・サービスの開発・販売　71
旬の地元食材の活用　60
季節限定商品・サービスの販売　45
インターネットを活用した情報発信　40
地元独自の食文化の活用　34

※付加価値…生産段階で新たに加わった価値

（資料3，資料4，資料7は，公益財団法人日本交通公社「道の駅における観光経済効果調査」より作成）
（資料5，資料6は，公益財団法人日本交通公社「※旅行アクティブ層を対象としたインターネット調査」より作成）
※旅行アクティブ層…旅行好きで年に何度も旅行している人々

考え2

・観光客は，旅行先での土産品や食事に対して，　え　のものという点を重視している。各道の駅では，そうした観光客のニーズに対応するため，オリジナル商品の開発・販売に加え，　え　の食文化や食材の活用，　お　の商品の販売など，工夫に取り組んでいる。

・道の駅は自家用車や貸し切りバスを利用する観光客などに多く利用されているイメージがあるが，「観光客中心」の道の駅は　か　％であり，半数以上は「近隣居住者中心」の道の駅である。

・道の駅で営まれている代表的な事業は3つあるが，そのうち，「観光客中心」の道の駅と「近隣居住者中心」の道の駅で一番大きな差が見られるのは，　き　であり，「近隣居住者中心」の道の駅の方が　き　の割合が　く　ことがわかる。

(4) 道の駅が地域活性化の拠点としても期待されていることを知った太郎さんは、様々な道の駅の取り組みを調べ、カードにまとめました。次の**ア〜ケ**のカードを、「住民へ安心なくらしを届ける」「産業※振興に取り組む」「地域外からの活力を呼ぶ」の３つのキーワードで３枚ずつに分類したとき、最もふさわしいものをそれぞれ記号で答えなさい。　　　　　　　　　　　　　　　※振興…盛んにすること

ア 移動販売車が地域をめぐり、買い物が不便なお年寄りに食料や生活必需品を販売している。	**イ** 旅行者が快適に利用できるきれいなトイレの認定を県から受けて、イメージアップを図っている。　NAGANO WELCOMING TOILET　信州まごころトイレ	**ウ** 「農家レストラン」を設置して、地域で栽培された採れたて野菜を使った料理を提供している。
エ 観光客が、手軽に各種情報を得られる無料公衆無線LAN環境を整備している。　道の駅SPOT　SSID: MICHI-NO-EKI	**オ** 農産物直売所には、地元生産者から※調達した農産物が並んでいる。　※調達…取りそろえること	**カ** 地域住民を対象に電球交換や家具の組み立てなど、困っていることを引き受けるサービスを行う。
キ A町への移住・定住のための住宅情報や仕事情報を紹介するコーナーを設置している。 A町の移住・定住コーナー	**ク** 宅配をする際、普段と変わったことがないかを見守る「地域見守り隊」としての役目も果たす。	**ケ** 会社を退職し、農家へ転身したBさんは、リンゴだけでなく、手作りのリンゴジュースも農産物直売所で販売している。

(5) 太郎さんは、これまで調べてきたことをもとに、道の駅について**まとめ**を書きました。**まとめ**の け ～ す に当てはまる最もふさわしい言葉を、下の**ア〜コ**から１つずつ選び、記号を書きなさい。

まとめ

> 　元々、ドライバーが立ち寄るトイレ・休けいし設として生まれた道の駅は、今ではそれ自体が け となり、まちの特産物や観光資源をいかして こ を呼び、地域に仕事を生み出す核へと独自の進化を遂げ始めている。特に中山間地の多い長野県では、人口減少や さ が進む中、買い物支援や安否確認などにより、 し の拠点となっている。また、農産物直売所や加工所、食堂は働く場だけでなく、高齢者の す の場を生み出すことにもつながっている。

> **ア** もの　　**イ** 情報化　　**ウ** 生きがい　　**エ** 道路　　**オ** 地域医療
> **カ** 遊び　　**キ** 目的地　　**ク** 地域福祉　　**ケ** ひと　　**コ** 高齢化

著作権に関係する弊社の都合により

本文は省略いたします。

教英出版編集部

（末永幸歩『「自分だけの答え」が見つかる13歳からのアート思考』より）

すえながゆきほ

（出題の都合により、本文の文字の書体および色を変こうしてあります。）

※模索‥‥‥‥問題を解決する方法がわからなくて、探し求めること。

※ウンチク‥‥十分に研究してたくわえた、学問や技術の深い知識。

※プロセス‥‥過程。

(1) ——線部 a 「本来の意味での『アート鑑賞』」とはどのようなことか、三十字以上四十字以内で書きなさい。

(2) ——線部 b 「こうした危機感」とはどのようなことか、六十字以上七十字以内で書きなさい。

(3) ——線部 c 「こうした思考プロセス」について、あなたがこれまで興味をもって調べたり学んだりした体験から一つ例を挙げ、説明しなさい。ただし、次の条件にしたがって書くこととします。

条件

・——線を引いた①～③の一つ一つとあなたの体験を結び付けて具体的に書くこと。

・例にならって、——線部の①～③と結び付けて書いたところの書き出しの右側に、①～③の番号をそれぞれ書くこと。

例

わ	①
た	
し	
は	
、	
○	
○	
○	
と	
考	
え	
、	
：	
：	
：	

・文字数は、百六十字以上二百字以内として一マス目から文章を書き、改行はしないこと。また、行の最後のマスには、文字や句読点などを一緒に書かず、句読点などは次の行の最初のマスに書くこと。なお、条件にある①～③の番号は字数にふくめない。

【問4】 次の絵を見て文章を読み、各問いに答えなさい。

絵

クロード・モネ
　　　　　　　（1840～1926年）
睡蓮（すいれん）
1906年ごろ／キャンバスに油彩（ゆさい）
大原美術館所蔵（しょぞう）

文章

令和3年度

適性検査Ⅱ　　(50分)

<table>
<tr><th colspan="2">注　意</th></tr>
<tr><td>1</td><td>「始め」の合図があるまで，中を開かないでください。</td></tr>
<tr><td>2</td><td>検査問題は，【問1】から【問4】まであり，問題冊子の2～11ページに印刷されています。</td></tr>
<tr><td>3</td><td>解答用紙に氏名，受検番号をまちがいのないように書きましょう。</td></tr>
<tr><td>4</td><td>解答は，すべて解答用紙の [　　　] の中に書きましょう。</td></tr>
<tr><td>5</td><td>検査が始まってから，印刷がはっきりしないところや，ページが足りないところがあれば，静かに手をあげてください。</td></tr>
<tr><td>6</td><td>下書きなどが必要なときは，問題冊子のあいているところを使いましょう。</td></tr>
<tr><td>7</td><td>答えを直すときは，きれいに消してから，新しい答えを書きましょう。</td></tr>
</table>

【問1】 陽さんは，家で新しく購入するテレビについて，お父さんと話しています。各問いに答えなさい。

> 陽：今ある※40 インチの型の画面サイズの 2 倍で，80 インチの型のテレビがほしいな。<u>80 インチの型の画面の高さと横はばは何 cm になるだろう。</u>
>
> 父：じゃあ，カタログで調べてみようか。

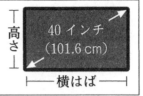

40 インチ
(101.6 cm)

高さ

横はば

※40 インチの型…画面の対角線の長さが 40 インチのテレビの型。1 インチは 2.54 cm。

(1) 下線部 **a** について，陽さんは，カタログで調べましたが，そのカタログには 80 インチの型のテレビの情報は載っていませんでした。そこで，カタログにある他の画面サイズの高さと横はばを**表1**にまとめました。すると，そこに規則性があることに気づきました。**表1**をもとに，80 インチの型の画面の高さと横はばをそれぞれ答えなさい。

表1

画面サイズ（インチ）	10	32	45	50	55	60	65	70
高さ（cm）	12.5	40	56.25	62.5	68.75	75	81.25	87.5
横はば（cm）	22	70.4	99	110	121	132	143	154

(2) 2 人は，部屋に最適なテレビの画面サイズについて話しています。

> 陽：80 は 40 の 2 倍だから，80 インチの型の画面の面積は，40 インチの型の画面の面積の 2 倍になるよね。
>
> 父：そうかなあ。面積は　**あ**　倍になるんじゃないか。画面の高さと横はばが **b** <u>それぞれ 2 倍になるのだから，面積を求めなくても，もとの画面の面積の何倍になるかを求めることができる</u>よ。考えてごらん。
>
> 陽：あっ，　**あ**　倍だ。80 インチの型の画面はこの部屋には大きいね。
>
> 父：そうだね。テレビには **c** <u>最適な視聴距離というものがあって，その目安は，画面の高さの 3 倍</u>とカタログに書いてあるよ。家の**ソファー**で**テレビ**を見る場合，**ソファー**から**テレビ**までの距離はおよそ 2.0 m〜2.1 m だから，最適な視聴距離を考えると　**い**　インチの型のテレビが一番よさそうだね。

① 下線部 **b** について，もとのテレビ画面の高さを x cm，横はばを y cm として，求め方を式や言葉や図を使ってかき，　**あ**　に当てはまる数を書きなさい。

② 下線部 **c** について，**陽さんの家の部屋**の**ソファー**からの最適な視聴距離を考えてテレビを選ぶとき，　**い**　に当てはまる数を，**表1**の画面サイズの中から選んで書きなさい。

陽さんの家の部屋

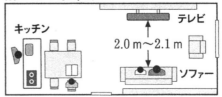

キッチン

テレビ

2.0 m〜2.1 m

ソファー

(3) 陽さんは，家族4人の**希望する条件**をまとめました。また，| い |インチの型の4つのテレビA～Dの情報をカタログなどで調べ，**表2**にまとめました。

希望する条件

父	①音声ガイド機能があり，かん単にそう作ができるもの。②画質と重低音にこだわりたい。
母	①**キッチン**（ななめの位置）からもきれいに見える，※視野角が160°以上のもの。②価格が120000円以下のもの。
姉	①はく力ある音で音楽をききたい。②同じ時間に放送される2つのドラマを両方録画したい。
陽	①動きの速いスポーツを，なめらかなえい像で見たい。②スポーツとドラマを同時に見たい。

表2

	視野角	価格(税込)	特ちょう・機能
A	140°	120000円	動きの速いえい像でもなめらか（スポーツに最適）。外光や照明の光の反しゃをおさえる。
B	178°	128000円	※2画面表示。※複数同時録画可能。音声ガイドなど使いやすいそう作を追求。
C	165°	110000円	2画面表示。えい像が細部まできれい。はく力ある音，重低音（音を追求）。
D	170°	125000円	えい像が細部まできれい。複数同時録画可能。見のがした番組をいつでも見られる。

※視野角…テレビをななめから見るとき，色合いが変わらずに見える角度。例えば，視野角が160°の場合，160°までは正面から見る場合と同様の色合いでえい像を見ることができる。

視野角160°

※2画面表示…2つの番組を同時に見ることができる機能。
※複数同時録画…同じ時間帯に放送される複数の番組を同時に録画できる機能。

希望する条件のうち，4人全員のそれぞれどちらか1つの条件は満たすテレビとしてふさわしいものを，次の**ア～エ**から1つ選び，記号を書きなさい。

〔 **ア** AとB　　**イ** CとD　　**ウ** AとD　　**エ** BとC 〕

(4) さらに，陽さんは，購入するテレビについてお父さんと話しています。

> 陽：価格が一番安いテレビはCだから，Cが一番お買い得と言えそうだね。
> 父：そうとも言えないよ。テレビをつけると電気代がかかるから，価格と電気代を合わせて考えないといけないね。例えば，価格が一番高いBと一番安いCを比べる場合，d何年間か使ったときにはBの方が価格と電気代との合計が安くなるね。電気を節約できれば，環境にもやさしいからね。
> 陽：希望する条件や価格と電気代との合計もふくめて，テレビを決めよう。

陽さんは，A～Dのテレビの1年間の電気代について調べ，**表3**のようにまとめました。

下線部**d**について，**表3**をもとに，Bの価格と電気代との合計が，はじめてCの価格と電気代との合計よりも安くなるのは何年間使ったときか答えなさい。また，そのときのBの価格と電気代との合計を答えなさい。

表3

	1年間の電気代
A	3650円
B	2550円
C	4625円
D	2950円

- 3 -

【問2】 楽さんとお兄さんの奏さんは，奏さんが卒業記念に作った※シート式オルゴール（図1）を見ながら話しています。各問いに答えなさい。

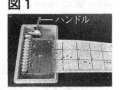
図1

※シート式オルゴール…穴の開いた帯状のオルゴールシートを差しこみ口に入れ，ハンドルをまわすとオルゴールシートが進み，音が鳴るオルゴールのこと。

> 奏：これは，ぼくが作った「信濃の国」10小節
> 分のオルゴールシート（図2）だよ。
>
>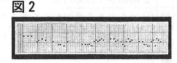
> 図2
>
> 楽：きいてみたいな。
>
> 楽：（実際にきいた後）きれいな音だね。演そうするためには，<u>ハンドル</u>
> <u>を何回もまわす必要がある</u>んだね。オルゴールシートの穴の開いている
> 部分がオルゴールの中を通ると，音が鳴るんだね。ところで，穴を開け
> る場所はどうやって決めているのかな。
>
> 奏：「信濃の国」のオルゴールシートと楽譜の一部を見て考えてごらん。

「信濃の国」のオルゴールシートと楽譜の一部（＊この楽譜は，調を原曲と変えています。）

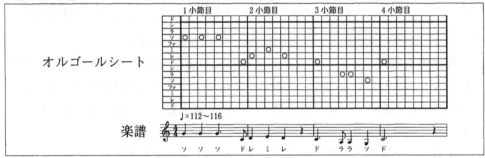

> 楽：音ぷに合わせて穴（〇印）を開けるんだね。
>
> 奏：そのとおり。「信濃の国」は4分の4びょう子の曲だから，楽譜では
> 1小節に四分音ぷ（♩）が4つ分入るのだけれど，このオルゴールシー
> トではどうなっているかな。
>
> 楽：このオルゴールシートだと，四分音ぷ1つ分は2マスになるんだね。
> 八分音ぷ（♪）1つ分は　あ　マス，付点四分音ぷ（♩.）1つ分は
> 　い　マスになるね。
>
> 奏：そうだよ。4分の4びょう子の場合，1小節は8マスになるんだ。
>
> 楽：ぼくも作ってみたいな。

(1) 下線部 a について，**シート式オルゴール**はハンドルを2回まわすことで，四分
音ぷ1つ分が演そうされます。「信濃の国」10小節分のオルゴールシートを
使って演そうするには，ハンドルを何回まわす必要があるか答えなさい。ただし，
ハンドルは1小節目の最初から10小節目の最後までまわすこととします。

(2) 　あ　，　い　に当てはまる数をそれぞれ答えなさい。

2021(R3) 長野県立中
教英出版
- 4 -
【適

(3) 奏さんから**新しいオルゴールシート**をもらった楽さんは，オルゴールシート作りを進めています。

> 楽：ぼくは，音楽の授業で歌っている b「冬げしき」のオルゴールシートを作りたいな。
>
> 奏：「冬げしき」は4分の3びょう子の曲だから，1小節に四分音ぷが3つ分入るんだね。
>
> 楽：「冬げしき」は16小節あるよ。**新しいオルゴールシート**に収（おさ）まるかな。
>
> 奏：**新しいオルゴールシート**の長さは40cmだよ。ぼくの作った「信濃の国」のオルゴールシートは，1小節目の最初から10小節目の最後までの長さが32cmだったよ。参考にしてごらん。

　下線部bについて，「冬げしき」を1小節目の最初から16小節目の最後まで作るために，必要なオルゴールシートの長さを答えなさい。ただし，**新しいオルゴールシート**は，奏さんが「信濃の国」で使用したものと同じ種類とします。

(4) 楽譜「冬げしき」の一部のAの部分のオルゴールシートを作るとき，どこに穴を開ければよいか，解答らんのオルゴールシートに○印をかきなさい。また，小節線❶，❷，❸のうち，❷，❸にあたる部分に ▮ 線（たて線）をそれぞれかきなさい。ただし，解答らんに❷，❸の番号はかかなくてよいものとします。

楽譜「冬げしき」の一部（＊この楽譜は，調を原曲と変えています。）

(5) 「冬げしき」16小節分のオルゴールシートを完成させた楽さんは，奏さんにきいてもらうことにしました。

> 楽：授業で歌ったテンポを思い出しながらオルゴールを演そうしてみたけれど，c ぼくの演そうしたテンポはどのくらいかな。
>
> 奏：楽譜には，テンポは「♩=96～104」と書いてあるね。たとえば，「♩=104」ならば1分間に四分音ぷを104回打つ速さということだね。演そうを録音して，演そう時間を計ってみよう。

　下線部cについて，楽さんの演そう時間を計ったところ36秒でした。楽さんが演そうしたテンポの求め方を式と言葉を使って書き，テンポを答えなさい。ただし，ハンドルは一定の速さでまわすこととし，演そう時間は1小節目の最初から16小節目の最後までの時間とします。

【問3】 　学さんと花さんは，**手ごねパンの作り方**にそってパンを作りました。各問いに答えなさい。

手ごねパンの作り方

○材料：強力粉…150g　食塩…1g　油…9g　さとう…10g
　　　　ぬるま湯…90g　※ドライイースト…3g

○作り方

1　材料を全てボウルに入れ，まとまりのある生地になるまでよくこねる。

2　生地を丸め，ボウルに入れてラップをし，暖かい場所で生地が3倍程にふくらむまで
　　1～2時間（オーブンを使う場合は，40℃で40分）一次※発こうさせる。

3　生地を軽くおして少し気体を抜き，6等分して個別に丸める。

4　生地の表面を軽くぬらし，暖かい場所で生地が2倍程にふくらむまで二次発こうさせる。

5　4の生地を，170℃に温めたオーブンで15分間焼いて完成。

※ドライイースト…イーストという菌をかわかしたもの。
※発こう…菌の働きで，物の性質が変わること。パンでは，イーストの働きで気体が発生し，生地がふくらむ。

(1)　できあがったパンを食べながら，学さんと花さんは話しています。

> 学：焼きたてのパンはおいしいね。でもパン作りは時間がかかるね。
>
> 花：今回は約20℃の部屋で一次発こうさせたから，90分かかったけれど，40℃ではもっと短い時間でふくらむはずだよね。
>
> 学：ₐ40℃よりさらに温度を上げて，60℃にしたら，もっと短い時間で生地の体積が3倍になるかもしれないね。温度を変えてためしてみようよ。

①　学さんは，よくこねた生地を，一辺6cmの正方形を底面とした直方体の容器に3cmの高さで入れました。これを2つ用意し，それぞれを40℃，60℃に保温して，一次発こうさせているときの生地の様子を10分ごとに調べました。ふくらんだ生地（**図1**）の体積を求めるため，生地の一番高い所の高さＡと，一番低い所の高さＢを測り**表1**にまとめ

図1

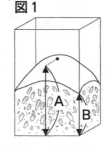

ました。花さんは**表1**をもとに40℃で一次発こうさせているときの30分後の生地の体積を，**花さんの求め方**のように計算しました。❶～❸のそれぞれの式が表す意味を書きなさい。

表1

	40℃			60℃		
時間(分)	A(mm)	B(mm)	時間(分)	A(mm)	B(mm)	
0	30	30	0	30	30	
10	35	30	10	47	33	
20	67	53	20	72	60	
30	88	72	30	72	60	
⋮	⋮	⋮	⋮	⋮	⋮	

花さんの求め方

$(88 + 72) \div 2 = 80$ …❶

$80 \div 10 = 8$ 　　　…❷

$6 \times 6 \times 8 = 288$ …❸

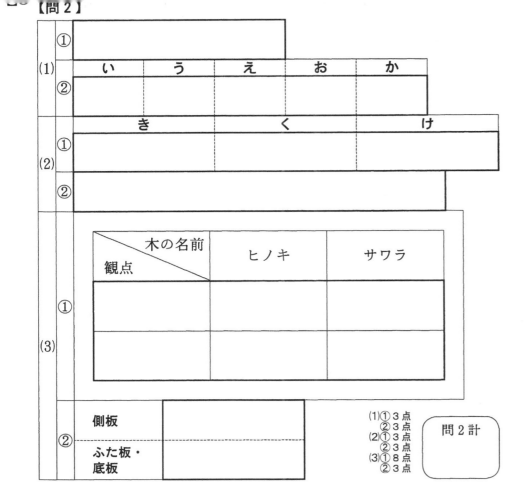

【問2】

(1) ①

い	う	え	お	か

②

き	く	け

(2) ①

②

(3) ①

木の名前 / 観点	ヒノキ	サワラ

② 側板

ふた板・底板

(1)① 3点
　② 3点
(2)① 3点
　② 3点
(3)① 8点
　② 3点

問2計

---

(4)

住民へ安心なくらしを届ける			
産業振興に取り組む			
地域外からの活力を呼ぶ			

(5)

け	
こ	
さ	
し	
す	

(1)2点×3
(2)3点
(3)2点×5
(4)2点×3
(5)1点×5

問3計

160

60

30

問4計

(1) 5点
(2) 6点
(3)15点

得点合計

K 教英出版

【問2】

(1)		回

| (2) | あ | |
| | い | |

| (3) | | cm |

(1) 3 点
(2) 3 点×2
(3) 4 点
(4) 4 点
(5)求め方…5 点
　　♪…3 点

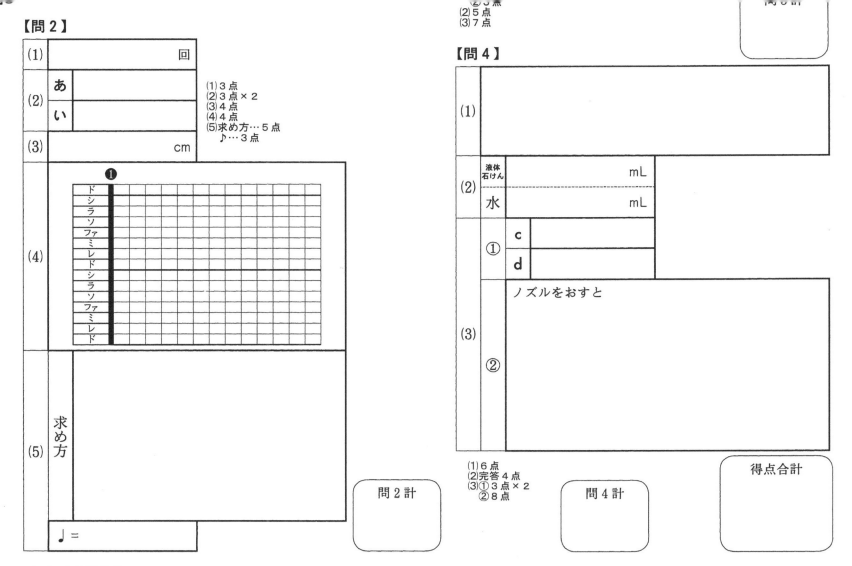

| (4) | ド
シ
ラ
ソ
ファ
ミ
レ
ド
シ
ラ
ソ
ファ
ミ
レ
ド | ❶ |

| (5) | 求め方 | |
| | ♩ = | |

問 2 計

【問4】

(1)	

| (2) | 液体
石けん | mL |
| | 水 | mL |

(3)	①	c	
		d	
	②	ノズルをおすと

(1)6 点
(2)完答 4 点
(3)①3 点×2
　　②8 点

問 4 計

得点合計

氏　名	
受検番号	

※100点満点

3　適性Ⅱ

適性検査Ⅱ　解答用紙

【問1】

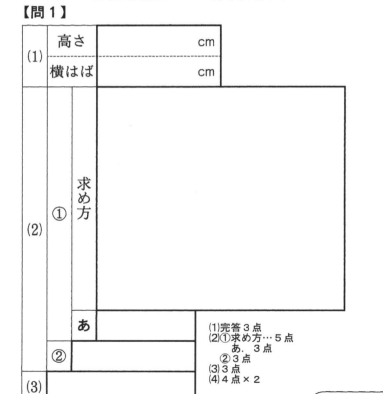

| (1) | 高さ | cm |
| | 横はば | cm |

(2) ① 求め方

あ

②

(3)

(1)完答3点
(2)①求め方…5点
　　　あ．3点
　　②3点
(3)3点
(4)4点×2

年間

問1計

【問3】

(1)	①	❶	
		❷	
		❸	
	②		
(2)			
(3)			

【解答用

氏　名	
受検番号	

適性検査 I　　解答用紙②

【問4】

(3)	(2)	(1)
	70	40
200		

氏　名

受検番号

※100点満点

3 適性Ⅰ　①

適性検査Ⅰ　解答用紙①

【問1】

(1)	あ	
	い	
(2)		
(3)		
(4)		

(1) 4点 × 2
(2) 5点

問1計

【問3】

(1)	あ			3		5
	い			3		5
	う			3		5
(2)		
(3)	え	
	お	
	か	

② 温度別の，一次発こうを始めてからの時間と，生地の体積変化を**グラフ**に表したところ，下線部 **a** は正しくないことがわかりました。その理由を，**グラフ**から読み取れる値（あたい）を用いて書きなさい。

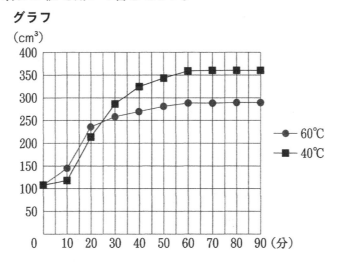

グラフ

(2) 2人は，パンの生地のふくらみ方について話しています。

> 花：生地がふくらむ理由を調べてみたよ。イーストが生地を養分にして気体を出すことで，生地はふくらむらしいの。イーストは 60℃ ぐらいで死んでしまうんだって。
>
> 学：だから発こうには，20℃〜40℃ ぐらいの温度がいいんだね。今回は前回より甘（あま）くしよう。早く大きくふくらむように，生地の材料の分量を変えて（**表2**）40℃で発こうさせてパンを作ってみよう。

表2

	前回	今回
強力粉	150 g	150 g
食塩	1 g	1 g
油	9 g	9 g
さとう	10 g	20 g
ぬるま湯	90 g	90 g
ドライイースト	3 g	6 g

一次発こうの後，2人はさらに話しています。

> 学：一次発こうさせているときのふくらみ方を調べたら，前回より早く大きくふくらんでいたよ。生地をふくらませる働きのあるドライイーストを増やしたから，より早く大きくふくらんだということだね。
>
> 花：そうかもしれないけれど，b 今回のパン作りでは「ドライイーストを増やしたから，より早く大きくふくらんだ」とは言い切れないよね。

下線部 **b** について，その理由を書きなさい。

(3) 2人は，これまでのパン作りをふり返っています。

学：そういえば，オーブンで焼いているときも生地はふくらんでいたよね。
　　オーブンの中は170℃だからイーストは死んでしまうはずなのに，どうし
　　て<u>cオーブンで焼いているときもパンの生地はふくらむ</u>のだろう。
花：パンの生地の中には，イーストが発こうで出した気体が閉じこめられた小
　　さな空どうがたくさんあるよね。それが関係しているのかもしれないよ。

　下線部 c について調べるため，花さんは次のような**実験**をしました。

実験

方法

① **手ごねパンの作り方**の材料からドライイーストを除い
　た材料で生地を作る。

② 器（図2）を2つ用意する。そこに，①の生地30gをう
　すくのばしたものを，図3のように，器の上と，器の底
　に，それぞれ同じ厚さでかぶせる（アは生地の下に空気
　を閉じこめるようにして器の上に，イは生地の下に空気が入らないよう
　にして器の底にかぶせたもの。図4は図3の断面図）。

図2

図3
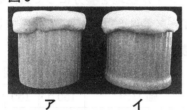

図4
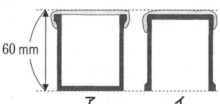
60 mm

③ ②の2つを170℃に温めたオーブンで15分間焼く。

結果

　・図5のようにアの方が大きくもり上がった（図6は図5の断面図）。
　・生地自体はどちらも少ししかふくらまなかった。

図5

図6
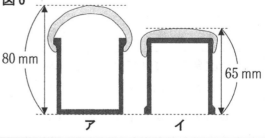
80 mm
65 mm

　アの方が大きくもり上がる理由と，パンの生地の中の気体の変化とを結び付け
て，下線部 c のようになる理由を書きなさい。ただし，イーストが生地の中で出す
気体は，空気と同じ性質として考えるものとします。

【問4】　保健委員の聡さんと明さんは，あわになって出る液体石けんの容器（図1）が空になっているのを見つけたので，補充しようとしましたが，つめかえ用の液体石けんがありませんでした。そこで，違う種類のつめかえ用の**液体石けん**を補充しましたが，ノズルをおしてもあまりあわになって出ませんでした。不思議に思った2人は，その理由を保健室の先生にたずねました。すると先生は，「液体石けんには，あわになって出るタイプと液体のまま出るタイプがあり，液体石けんの濃さは，あわになって出るタイプの方が薄い」ということを教えてくれました。そこで2人は，**液体石けん**を水で薄めて，全体の体積に対する**液体石けん**の割合を変え，容器から出るあわの量がどう変わるかを調べることにしました。

図1

図2

> 聡：あわの量は，円柱状の小カップ（図2）に入れたあわの高さで調べよう。
>
> 明：なるほど。これを a何回か測定して平均を求めて，**液体石けん**の割合とあわの高さの関係を調べればいいね。

　2人は，調べた結果を**表**にまとめ，**グラフ**に表したものを見て話しています。

表　液体石けんの割合とあわの高さの平均

割合（%）	0	10	20	30	40	50	60	70	80	90	100
あわの高さ（mm）	0	28.8	26.5	22.2	18.5	26.5	28.2	24.3	20	14.3	4.2

＊割合については，水のみのときを0，**液体石けん**のみのときを100とした。

> 聡：やっぱり**液体石けん**の割合によってあわの高さは変わっていて，10％と60％が高くなっているね。
>
> 明：あわの高さは10％の方が60％より少し高いけれど，きれいに洗うためには60％の方がいいと思うよ。
>
> 聡：よし，じゃあ，b**液体石けんを水で薄めて，全体の体積に対する液体石けんの割合が60％になるように**しよう。

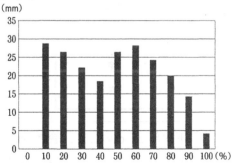

グラフ
(mm)

(1)　下線部 **a** のようにすることに，どのようなよさがあるのか書きなさい。

(2)　下線部 **b** について，全体で170 mL になるようにするには，**液体石けん**と水をそれぞれ何 mL ずつ入れたらよいか答えなさい。

(3) 2人は，液体石けんが入る違う種類の容器（**図3**）にも，**液体石けん**を60%の割合に薄めて入れましたが，ノズルをおすと液体のまま出てきました。**液体石けん**をさらに薄めて入れても結果は同じでした。そこで，容器の中のポンプに何か秘密（ひみつ）があると考え，液体のまま出る容器のポンプ（**図4**）と，あわになって出る容器のポンプ（**図5**）のつくりを比べることにしました。

図3

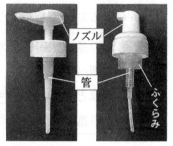

図4
液体のまま
出る容器の
ポンプ

図5
あわになって
出る容器の
ポンプ

聰：あわになって出るポンプは**ふくらみ**があるね。

明：管の先を色水につけてノズルをおしてみよう。

聰：両方とも，c 下がっていく間にノズルの先から色水が出て，d 上に戻（もど）っていく間に管の下から色水が吸（す）いこまれるよ。

明：ノズルと一体となって動く部分と動かない部分があるね。

聰：よく見ると，管の中に球がある。何だろう。

① 聰さんは，ノズルをおすと色水が出るしくみを知るために，液体のまま出る容器のポンプを分解したりインターネットで調べたりして**ノート1**にまとめました。

ノート1

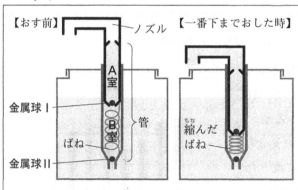

〈わかったこと〉
・液体石けんが通る管の中は，**A室**と**B室**の2部屋に分かれている。
・ノズルをふくめ濃い黒線（—）部分は，一体となって上下に動く。（ばねの力で，おす前の位置に戻る）
・**A室**と**B室**の間と，**B室**の下部には，栓（せん）となる金属球がそれぞれ1つずつある。
・ノズルが下がったり上に戻ったりする間にこの栓が開閉する。

下線部c, dのとき，金属球Ⅰ，金属球Ⅱはそれぞれどのような状態か，下のア〜エからふさわしいものをそれぞれ1つずつ選び，記号を書きなさい。

例）｛ ・・・金属球と部屋が離（はな）れている→栓が開く
　　　 ・・・金属球と部屋が接している→栓が閉じる

	ア	イ	ウ	エ
金属球Ⅰ				
金属球Ⅱ				

② 次に，聡さんは，あわになって出るしくみを
　知るために，あわになって出る容器のポンプ
　（図6）のつくりを調べ，気づいたことをメモ1
　に書きました。

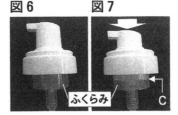

図6　図7

ふくらみ　C

メモ1

- ・ノズルをおすとノズルの先から空気が出ている。
- ・この時，ポンプの**ふくらみ**の中にある中ぶたのような
　Cが下がってくるのが見える（図7）。
- ・管の下から色水を吸いこませても，**ふくらみ**の中に色水
　は入ってこない。

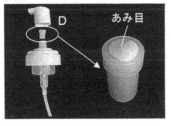

図8

D　あみ目

　これらのことから，聡さんはノズルをおすと
Cが下がることによって，**ふくらみ**の中の空気
がおし出されていると考えました。さらに，図8
のようにノズルを外したところ，管のノズル側
に**あみ目**のついた**D**を見つけました。そこで，**D**をポンプから外してストロー
に接続し（図9），反対側から液体石けんを60％の割合に薄めた**液体石けんX**を
流しこみ（図10），ストローに息を吹き入れ（図11），**メモ2**を書きました。

図9 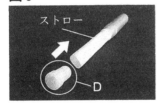　図10 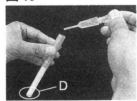　図11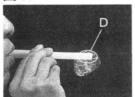

ストロー

D　D

D

＊口に液体石けんが入らないように，
吹き口をつけて吹く。

メモ2

- ・**液体石けんX**を流しこんでも，**あみ目**にあわはできない（**あみ目**に液体がとどまっている）。
- ・**液体石けんX**を流しこんだところに息を吹き入れると，**あみ目**からあわが出る。

　聡さんは，ノズルをおすとあわになって出るしくみを**ノート2**にまとめます。
調べてきたことをもとにして，液体石けんがあわになって出るしくみを「ノズ
ルをおすと」に続けて書きなさい。ただし，**液体石けん，ふくらみ，あみ目**という
言葉を用いることとします。

ノート2

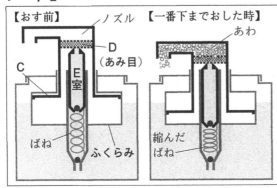

【おす前】　ノズル　【一番下までおした時】
　　　　　　　　　　　　　　　　　　あわ
　　　　　　　　D
　　　　　　　（あみ目）
C
　　E室
　　ばね　ふくらみ　縮んだばね

〈わかったこと〉
・濃い黒線部分（ノズル，**C**，**D**，
　E室）は，一体となって上下に動く。
・金属球の動きは，液体のまま出る
　容器のポンプと同じ。
・**C**が下がることで，**ふくらみ**の中の
　空気がノズルの先へおし出される。

〈あわになって出るしくみ〉

ノズルをおすと

令和2年度

適性検査Ⅰ （50分）

長野県屋代高等学校附属中学校
長野県諏訪清陵高等学校附属中学校

注　意

1　「始め」の合図があるまで，中を開かないでください。

2　検査問題は，【問1】から【問4】まであり，問題冊子の2～11ページに印刷されています。

3　2枚の解答用紙それぞれに氏名，受検番号をまちがいのないように書きましょう。

4　問題冊子とは別に，2枚の解答用紙（**解答用紙①**は【問1】から【問3】用，**解答用紙②**は【問4】用）があります。解答は，すべて解答用紙の　　　　　　の中に書きましょう。

5　検査が始まってから，印刷がはっきりしないところや，ページが足りないところがあれば，静かに手をあげてください。

6　下書きなどが必要なときは，問題冊子のあいているところを使いましょう。

7　字数を指定された解答については，句読点（。、）や，かぎかっこ（「　」『　』）なども1字に数えて答えましょう。

8　算用数字で答える場合は，2桁ごとに1マスを使いましょう。

9　答えを直すときは，きれいに消してから，新しい答えを書きましょう。

10　ふりがながふってある文字については，答えをひらがなで書いてもかまいません。

【問1】　長野県のＡ市に住む愛さんは，東京都への社会見学から戻り，お父さんと話しています。各問いに答えなさい。

会話

父：東京で，水道の水を飲んでみたかい。Ａ市の水とはちがっただろう。

愛：飲んだけど，私にはちがいがわからなかったよ。東京は，**資料１**のように川からの水を約８時間かけて処理し，水道水にしているそうだよ。その中で高度浄水処理という方法を使って，水に溶け込んだにおいのもとなどを取り除いているみたい。

父：そうか。水をきれいにするためにいろいろな工夫をしているのだね。

愛：ₐＡ市の水も同じように工夫をしているのかな。

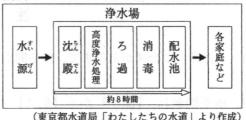

資料１　東京都（金町浄水場）の浄水処理の仕組み

（東京都水道局「わたしたちの水道」より作成）

(1)　愛さんは，下線部ₐに関わって，Ａ市の浄水処理の仕組みについて調べ，**資料２**〜**資料４**を見つけました。

資料２　東京都とＡ市の水源の種類の割合

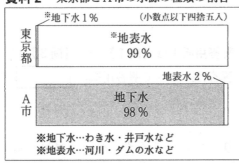

※地下水…わき水・井戸水など
※地表水…河川・ダムの水など

（東京都水道局およびＡ水道企業団への取材より作成）

資料３　Ａ市の浄水処理の仕組み

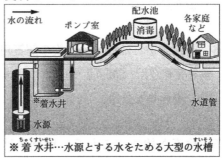

※着水井…水源とする水をためる大型の水槽

（Ａ水道企業団ウェブページより作成）

資料４　森林の働き

　森林では落葉などが積もり，スポンジのようなやわらかい土が作られます。このスポンジのような森林土壌は，雨水を地中に浸透させ，雨水をたくわえる機能をもっています。また，森林土壌は，雨水が石や砂の層を通過する過程でちりやごみなどの混じり物を取り除いたり化学物質を吸い取ったりするなど，水をきれいにする機能ももっています。さらに岩石の間を通った雨水は，ミネラル分を多くふくんだ地下水となります。それには，短くても数か月，長い場合は数十年かかるといわれています。Ａ市では森林土壌を通った水を多く利用しています。

（Ａ水道企業団への取材および林野庁ウェブページなどより作成）

① A市の浄水処理は，東京都より工程が少ない仕組みになっています。その理由を，**資料1～資料4**をもとに50字以上70字以内で書きなさい。

② 愛さんは，**会話，資料1～資料4**から**考え**を書きました。 A ～ E に当てはまる言葉を，下の**ア～コ**から1つずつ選び，記号を書きなさい。

考え

> 東京都とA市の水道水について調べると，高度浄水処理やろ過などの A の技術力を使ったり，雨水が森林土壌や B の中を C をかけてゆっくり流れることで D になるという E の力を生かしたりしていることがわかった。A市では地下水を，水道水以外に何に使っているのだろうか。

> [**ア** 岩石　　**イ** 人間　　**ウ** 水道水　　**エ** 地下水　　**オ** 落葉
> **カ** 手間　　**キ** 地表水　　**ク** 雨水　　**ケ** 時間　　**コ** 自然]

(2) 愛さんは，A市では水を何に使っているのか調べるために，地域の方に聞き取りをし，**わかったこと**をまとめました。

養殖業の方

> 一年中水温が15～16℃の地下水を使っています。水温が低すぎるとえさ食いが悪くなり，水温が高すぎるとえさ食いが良くなりすぎてしまいます。おいしい魚を育てるには適度で一定の水温が必要です。

> 酒づくりには，江戸時代から絶やすことなく守ってきた地下水を使っています。水温が18℃に保たれていることで，タンク内の酒の温度管理がしやすく，効率よく酒をつくることができます。

酒造会社の方

市役所の方

> 地震などで水道が使えなくなったときのために，個人や商店などで使われている井戸を，地域の人たちにも使える特別な井戸として認定しています。今後このような井戸を増やしていく予定です。

> 長時間水道が使えなくなったときに提供できるように，地下水を入れた500mLのペットボトルを3000本保管しています。A市の水のPRのため，イベントなどで紹介もしています。

水道企業団の方

わかったこと

> 養殖業の方と酒造会社の方の話からは，どちらも b地下水の特ちょうを生かして魚を育てたり，お酒をつくったりしていることがわかった。市役所の方と水道企業団の方の話からは，どちらも地下水を F のときにも利用していることがわかった。

① 下線部**b**に関わって，共通する地下水の特ちょうを1つ書きなさい。

② F に当てはまる最もふさわしい言葉を，次の**ア～エ**から選び，記号を書きなさい。

[**ア** 地域振興　　**イ** 不景気　　**ウ** イベント　　**エ** 災害]

【問2】　優さんは，第32回オリンピック競技大会及び東京2020パラリンピック
競技大会（以下，東京2020大会）に関するニュースで，「持続可能性コンセプト」
という言葉を知りました。そこで，「持続可能性コンセプト」について調べたとこ
ろ，**資料1**を見つけました。各問いに答えなさい。

資料1　東京2020大会の持続可能性コンセプト

〈1〉　気候変動（※脱炭素社会の実現に向けて） ○※既存会場の活用（競技会場全体の約6割）や，省エネルギー化等により会場整備における環境※負荷を低減	※脱炭素社会…温室効果ガスである二酸化炭素などを出さない社会のこと。
〈2〉　資源管理（資源を一切ムダにしない） ○調達物品の99％を再使用（レンタル・リース含む）・再生利用 ○運営時廃棄物の65％を再使用・再生利用 ○再生可能資源の利用を促進	※既存…以前から存在すること。 ※負荷…負担。 ※慣行…ふだん，習慣として行うこと。
〈3〉　大気・水・緑・生物多様性等（自然共生都市の実現） ○組織委員会，都，関係省庁等が連携した暑さ対策の実施 ○競技会場におけるろ過施設の導入や雨水・循環利用水の活用等による水資源の有効利用	※ダイバーシティ＆インクルージョン…個人の様々なちがいを包み込み，多様性を生かし，価値を創造すること。
〈4〉　人権・労働，公正な事業※慣行等への配慮（多様性の祝祭～誰もが主役の開かれた大会～） ○国連「ビジネスと人権に関する指導原則」に則した人権の保護，尊重及び救済 ○※ダイバーシティ＆インクルージョンの意識の浸透	※協働…対等のパートナーとして協力すること。 ※パートナーシップ…協力。 ※参画…事業・政策などの計画に加わること。 ※創出…物事を新しくつくり出すこと。
〈5〉　参加・※協働，情報発信（※パートナーシップによる大会づくり～誰もが主役の開かれた大会～） ○「東京2020※参画プログラム」をはじめ，国民参加型プロジェクト等による幅広い参加の※創出	

（公益財団法人東京オリンピック・パラリンピック競技大会組織委員会「東京2020大会の持続可能性コンセプト」より作成）

(1)　優さんは「持続可能性コンセプト」の具体的な取り組みをいくつか見つけ，それぞれの取り組みが，**資料1**のどのコンセプトに当てはまるかを整理し，**表**にしました。

表

取り組み	資料1の番号	当てはまる理由
新国立競技場は，風を導く大きなひさしを最上部につける。	〈3〉	ひさしがあることで，暑さ対策につながるから。
希望する自治体から借りた国産木材を使用して選手村ビレッジプラザを建築し，大会後は木材を各自治体に返し，公共施設などで使用してもらう。	〈　ア　〉	大会で使った木材を，大会後に別の建物に使うことで，再生可能資源の利用につながるから。

全国47都道府県から聖火リレーのランナーを募集し、国籍、障がいの有無、性別、年齢（安全なリレーのために下限年齢を設定）のバランスに配慮しながら、幅広い分野から選定する。	〈 イ 〉	国籍や障がいの有無等のバランスを考えて選定することで、多様な人の参加につながるから。
	〈5〉	47都道府県から募集することで、全国の国民の参加につながるから。
全国から、使い終えた洗剤やシャンプーのプラスチック容器を回収して表彰台に、使わなくなった携帯電話等を回収して取り出した金属を大会のメダルに、それぞれ再生利用する。	〈2〉	不要になった物を回収することで、再生利用につながるから。
	〈 ウ 〉	エ

① ア ～ ウ に当てはまるふさわしいコンセプトを、資料1の〈2〉～〈5〉から1つずつ選び、番号を書きなさい。

② エ に当てはまる具体的な理由を、「～ことで、…につながるから。」という形で書きなさい。

(2) 優さんは、資料1の〈3〉にある暑さ対策の一つとして東京都新宿区等で試験的に行われた、保水材を使った道路の舗装について調べ、資料2を見つけました。路面温度が下がる仕組みがわかるように、資料2をもとに、次のア～オを並べかえ、順番に記号を書きなさい。ただし、ウから始まるものとします。

ア　太陽光があたる
イ　保水材が水分を吸収し、水分を保つ
ウ　雨が降る
エ　水分が蒸発する際に路面の熱がうばわれる
オ　表の層が温まる

資料2　道路の舗装の仕組み

熱がうばわれる　蒸発　蒸発　雨　太陽光
※保水材
表の層
アスファルト等
基の層

※保水材…水分を吸収し、保っておく物質。

（国土交通省「路面温度上昇抑制機能を有する舗装技術」より作成）

(3) 優さんは、「持続可能性コンセプト」について調べる中で、このコンセプトは大会後のことも考えられたものだということがわかってきました。そして、資料3と資料4を見つけ、文章にまとめました。

資料3　「冬季オリンピック開催都市宣言」第18回オリンピック冬季競技大会（1998/長野）

今、世界では環境問題が大きなテーマとなっている。オゾン層の破壊、地球の温暖化など地球規模での生態系を脅かす環境問題が大きな課題となっている。冬季オリンピックでは自然との調和が重要であり、これからの大会においても、ＩＯＣ（国際オリンピック委員会）及び開催都市が、環境問題をテーマの一つに据えて取り組みを継続していただくことを望む。その具体的な取り組みとして、自然への負担を軽減するため、既存の競技施設の活用を提言する。

（財団法人長野オリンピック冬季競技大会組織委員会「第18回オリンピック冬季競技大会公式報告書」より作成）

資料4 東京2020オリンピック・パラリンピック競技大会の位置づけ

【東京2020大会の歴史的意義】

▷前回の東京1964オリンピックは，戦後日本の復興の象徴として，またその後の日本の経済成長や科学技術の発展の出発点として，多くの人々に記憶されている。また東京1964パラリンピックは，日本の障がいのある人のスポーツを通した社会参加を促す契機となった大会である。

▷経済的に成熟し，これから世界が抱えるであろう多くの課題にいち早く直面している日本・東京は，率先して世界に対して解決策を提示し，新たな未来を示す必要がある。

▷50年後，100年後に東京2020大会を振り返った時に，精神的な豊かさを求める社会，持続可能な社会の実現に向けて，文化や社会，価値観が変わるきっかけになったと国内外で評価される大会にしたい。

(公益財団法人東京オリンピック・パラリンピック競技大会組織委員会「東京2020大会開会式・閉会式に関する基本コンセプト最終報告」より抜粋)

文章

　私はこれまで，オリンピック・パラリンピックはスポーツのためだけのイベントだと考えていましたが，今回，東京2020大会の「持続可能性コンセプト」について調べたことで，オリンピック・パラリンピックは　A（13字）　機会になる祭典だということがわかりました。

　例えば，東京2020大会の「持続可能性コンセプト」の一つ「気候変動」は，第18回オリンピック冬季競技大会（1998/長野）では　B（6字）　を大事にするという考えのもと，既存の競技施設の活用が提言されたこととつながっていると考えられます。また，「人権・労働，公正な事業慣行等への配慮」は，東京1964パラリンピックが，障がいのある人の　C（12字）　をすすめるきっかけとなったことからつながっていると考えられます。

　中でも，私は「だれもが主役」という考え方に共感しました。私自身も「主役」であり，今まで大事にされてきた考え方を，過去から　D（5字）　へとつないでいく一員なのです。私は，これから，国籍や障がいのあるなし，性別等に関係なく，多様な人々が協力する　D（5字）　に向け，自分にできることを見つけて，取り組んでいきたいと思います。

①　A　～　D　に当てはまるふさわしい言葉を，**資料3**，**資料4**からぬき出し，それぞれ指定された字数で書きなさい。

②　優さんは，この**文章**の題名を考えています。**文章**の内容をふまえて，題名として最もふさわしいものを，次の**ア～エ**から選び，記号を書きなさい。

　　ア　経済成長の出発となる大会　　**イ**　よりよい未来について考える大会
　　ウ　環境問題を解決する大会　　**エ**　選手の価値観が尊重される大会

【問3】　勝さんは，はなれて暮らすおばあさんから「車を運転しなくなってから買い物に行くのが大変だ」という話を聞きました。各問いに答えなさい。

(1) 勝さんが，おばあさんが住む地域の様子について**地図**で調べてみると，買い物ができるお店が3軒ありました。勝さんの**考えたこと1**の　①　～　⑤　に当てはまるふさわしい言葉や数を，下の**ア～コ**から1つずつ選び，記号を書きなさい。

地図

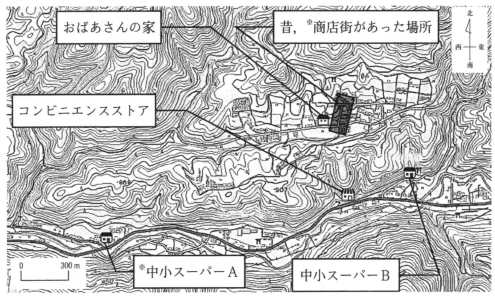

※商　店　街…電気，衣料品，野菜，肉，魚などを専門的にあつかう店が多数並んでいる通り。
※中小スーパー…主に食料品や日用雑貨などをあつかう中小規模の店。

考えたこと1

> おばあさんの家から直線きょりで一番近いところにあるお店は　①　で，およそ　②　kmだから，そんなに遠くないと思った。でも，よく見ると，おばあさんの家の前の道路は　③　の方向に通っている。そう考えると，道路にそって歩いて一番近いお店は　④　だな。ここだと　⑤　kmくらい歩くことになる。それで，おばあさんは大変だと言ったのだな。商店街のお店が1軒でも残っていたらよかったのになあ。どうしてなくなったのだろう。

```
ア　コンビニエンスストア　　イ　中小スーパーA　　ウ　中小スーパーB
エ　0.5　　　オ　1　　　　　カ　2　　　　キ　3　　　　ク　4
ケ　南北　　コ　東西
```

(2) 勝さんが長野県の商店街の数について調べると，**資料1**のように減ってきていることがわかりました。さらに，**資料2**，**資料3**を見つけ，**考えたこと2**をまとめました。**考えたこと2**の　ア　〜　キ　に当てはまるふさわしい言葉や数を，**資料2**，**資料3**をもとに書きなさい。

資料1 長野県の商店街数の変化

年	商店街数
1981	454
1999	345
2017	217

資料3 商店街が直面している主な課題

課題	回答数(%)
商店街周辺の人口の減少	35.0
大型店へ行く客の増加	33.2
魅力的な店がない	25.8
後継者の不足	25.8
店の数が少ない	25.3
小さい店が多い	18.9
駐車場の不足	16.6
店が古くなっている	14.3
リーダーの不在・力不足	10.1
消費者ニーズへの対応が不十分	10.1
店の種類が少ない	9.2

(複数回答)

資料2 消費者が主に買い物をする店の利用割合の変化

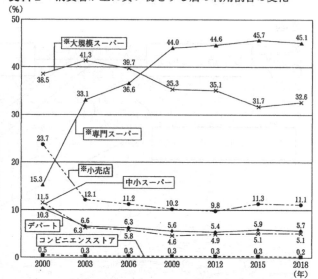

※小 売 店…電気，衣料品，野菜，肉，魚などを専門的にあつかう店。八百屋，魚屋など。

※大規模スーパー…食料品，日用雑貨，衣料品，電化製品などまであつかう大型店。大規模な駐車場を備えている。

※専門スーパー…主に1種類の商品（食料品を除く，日用雑貨・衣料品・電化製品・本・薬など）を専門的にあつかう大型店。

(資料1〜資料3は，長野県産業労働部「平成30年度長野県商圏調査」および「平成29年度長野県商店街実態調査」より作成)

考えたこと2

・近年，消費者は，主に　ア　と　イ　で買い物をしている。これは商店街が抱えている　ウ　という課題と一致する。

・　ア　には，広い　エ　があるので，自動車で行きやすい。資料3を見ると，　エ　の問題を課題としてあげている商店街は　オ　％ある。

・資料2を見る限り，商店街に多く見られる　カ　で主に買い物をする人の割合は，2003年まで大きく減少しているが，その後は　キ　割程度で落ち着いている。

(3) 勝さんは，買い物の大変さを感じている人のために，どんな取り組みができる か調べ，**取り組みの視点**，長野県の**具体的な事例**とそれに対する**利用者の感想**を 見つけました。

取り組みの視点

a	住んでいる地域に食料品や日用雑貨を販売する店を作る取り組み
b	買い物ができる場所（店や商店街等）に送りむかえする取り組み
c	注文を受けた商品を自宅まで届ける取り組み
d	移動型の店で買い物に困っている地域を回って販売する取り組み

（平成 27 年度 農林水産省「食品アクセス改善対策事業実施報告書」より作成）

具体的な事例

ア	ある女性は，おそうざいを自動車内で調理して販売している。自動車で向かったのは，A村の集落だった。公民館の前に駐車し，準備を始めた。販売されたのは，こんがりあげたコロッケだった。
イ	B市の高校3年生は，地域の施設に地元の農産物を中心に販売するスーパーを開店した。買い物に困っている高齢者が多くいることや実際にお店での買い物を楽しみたいという声が多かったことなどから，開店を決めた。
ウ	みんなで食事や買い物などをして心身をリフレッシュすることを目的としたお年寄りの「お出かけツアー」が広がりを見せている。C地区では地域のスーパーが閉店したことを受けて自治体がバスのツアーを企画した。
エ	D町の「道の駅」では魚や野菜といった食料品のほか，洗剤などの日用雑貨もあつかい，電話一本で希望の商品を自宅まで届けてくれる買い物代行サービスをしている。多い日で 50 人の住民が利用している。

利用者の感想

あ	若い人がどんどん地域をはなれていってしまう中，地域の若い人が地域のことを考え活動してくれるのがとてもうれしい。若い人と話すと元気が出る。
い	高齢なので，この地域から外へ出ていくのは大変。作りたてが買えるし，お店の人と話をしながら買い物できるのがいい。
う	生鮮食品を家まで届けてくれるので，とても助かる。「困っていることはないか」と気づかってくれるのがうれしい。
え	買い物ができるのはもちろん，年の近い皆さんとおしゃべりしたり，一緒に出かけたりできるのが楽しい。

（**具体的な事例・利用者の感想**は，「FNN.jp プライムオンライン」などから作成）

① **取り組みの視点 a～d**に当てはまる**具体的な事例**を，**ア～エ**から1つずつ選び， 記号を書きなさい。また，選んだ**具体的な事例**に当てはまる**利用者の感想**を， **あ～え**から1つずつ選び，記号を書きなさい。

② **利用者の感想**には，買い物の大変さを解消すること以外に，共通している よさがあります。そのよさを，20字以内で書きなさい。

なっている。

ブタは約4分の1、ニワトリは2・2分の1、サカナは2分の1である。

昆虫はサカナと同じくらいか、さらに効率がいい。それに加えて、昆虫は世代交代が早く、次々に育つため、同じ時間でニワトリやサカナに比べより沢山の収量を得ることができる。②将来、昆虫は主要な食料になるかもしれない。

だから、これからの人は昆虫を食べることに慣れた方がいい。という理由で、「昆虫食」のイベントをやったわけである。というのは表向きの理由で、来館する人がびっくりする企画をやりたかったのだ。ゴキブリを食べるといえば、多くの人はびっくりするだろう。誰かが食べているのを見て恐る恐る食べてみたら、意外に美味だったりすれば、さらにびっくりするに違いない。内山昭一さんは、女の人は一般の常識に反して、虫食いにはまる人が多いと言っている。内山さんは昆虫食関連の本を何冊も出版しているが、『食の常識革命！ 昆虫を食べてわかったこと』（サイゾー）には、3人の昆虫食女子が登場して、昆虫食の魅力を縦横に語っている。

この本によると、美味しい昆虫ベスト10は、1位から順にカミキリムシの幼虫、オオスズメバチの前蛹、クロスズメバチの幼虫と蛹、アブラゼミの幼虫、モンクロシャチホコ（蛾の一種）の幼虫、タイワンタガメのオス、トノサマバッタ、ツムギアリ、コオロギ、イナゴである。クロスズメバチの幼虫やイナゴはしばらく前までよく食べられていた伝統的な食材だが、アブラゼミの幼虫や、蛾の幼虫が上位に入っていることにびっくりされたかもしれない。東京の都心でもアブラゼミはごく普通の昆虫なので、試してみたらいかがですか。

（池田清彦『生物学ものしり帖』KADOKAWAより）

(3) ——線部①「虫食いの習慣は、昔は極めて一般的だった」という表現からは、今はそうではないことが読み取れます。その理由を筆者はどのように説明しているか、四十字以上六十字以内で書きなさい。

(4) ——線部②「将来、昆虫は主要な食料になるかもしれない」という筆者の考えについて、あなたの考えを次の条件にしたがって書きなさい。

条件
・二段落構成としなさい。
・一段落目には、筆者の考えについて、筆者がそう考える理由にふれながら、あなたはどう考えるか、立場を明らかにして書きなさい。
・二段落目には、あなたの考えの理由を書きなさい。
ただし、（ⅰ）本文やメモの内容とあなたの考えとを結び付け、（ⅱ）これまでにあなたが見たり聞いたり体験したりしたことにふれて書くこと。
・文字数は、百六十字以上二百字以内として一行目から文章を書くこと。また、句読点が行の最初にくる場合は、前の行の最後のます目に文字といっしょに書くこと。なお、書き出しや段落を変えたときの空白になるます目も一字に数えること。

【問4】 次の文章を読んで、各問いに答えなさい。

　高尾599ミュージアムが2015年の8月にオープンして、はやくも数年が過ぎた。高尾山の麓という地の利に加えて入館料が無料なので、すでに数年で入館者数は100万人を突破したようである（2018年末時点）。私は名誉館長なので、時々は顔を出して、次の企画の相談に乗ってようとすると、これがなかなか悩ましい。2015年の秋には「むし社」に協力してもらって、「世界のクワガタ展」を10日ばかり開催した。子どもたちには好評だったけれど、どこでもやっていることで、余り新鮮味はなかった。

　そこで、2016年は是非「昆虫食」のイベントをやりたいと思って日本における昆虫食研究の第一人者・内山昭一さんをお呼びした。①虫食いの習慣は、昔は極めて一般的だったと思われる。特に魚が入手し難い長野などの山国では、昆虫は貴重なタンパク源であったろう。今でも伊那ではザザムシ（トビケラ、カワゲラの幼虫）の佃煮の瓶詰めを売っている店がある。しかし、日本では昆虫の個体数が少なくなったことに加え、ニワトリやブタなどの安価なタンパク源が簡単に入手できるようになって、昆虫食の伝統は急速に廃れてしまった。

　東南アジアでは現在も昆虫食が盛んで、ベトナムやラオスの市場では様々な種類の昆虫が食材として販売されている。コオロギを養殖している農家もあり、なかなかの人気のようだ。私もから揚げを食べたことがあるが、小エビのから揚げとよく似た食感であり、結構食べられる。

　世界人口が増え続ける中で、昆虫食はエコロジカルな食物として、国連食糧農業機関も推奨している。その理由は、昆虫は食べる餌から体へのエネルギーの転換効率がいいからである。たとえば、ウシは食べた餌の7分の1から10分の1のエネルギーだけが体になる。

━━線部の内容に興味をもった光さんは、昆虫食についてさらに調べてメモをとりました。

メモ

・二〇五〇年に世界人口は九十七億人に
・二〇五〇年には二〇一三年の二倍の食料が必要
　　　　　　　・動物性タンパク質の不足
・食肉の需要増加
・現在、約二十億人が昆虫を常食
・食べられる昆虫は千九百種以上
・欧州連合（EU）が新規食品に規定
・養豚農家からコオロギ農家へ転換（フィンランド）
・売り切れる昆虫スナック　・アレルギーの可能性
・毒がある昆虫もいる　　・自然環境への影響

(1)　━━線部からは、どのような問題があることが読み取れるか、メモを参考にして解答らんに合うように書きなさい。

(2)　筆者は、この文章に説得力をもたせるためにどのような工夫をしているか、最もふさわしいものを、次のア〜エから選び、記号を書きなさい。

ア　最初に考えを述べて読み手を引き付けている
イ　文章全体に具体例を多く挙げている
ウ　複数の本を挙げ、共通する部分を引用している
エ　予想される反論に対してさらに反論している

- 11 -

令和2年度

適性検査Ⅱ　　　(50分)

<table>
<tr><td colspan="2" align="center">注　意</td></tr>
<tr><td>1</td><td>「始め」の合図があるまで，中を開かないでください。</td></tr>
<tr><td>2</td><td>検査問題は，【問1】から【問5】まであり，問題冊子の2〜11ページに印刷されています。</td></tr>
<tr><td>3</td><td>解答用紙に氏名，受検番号をまちがいのないように書きましょう。</td></tr>
<tr><td>4</td><td>解答は，すべて解答用紙の　　　　　の中に書きましょう。</td></tr>
<tr><td>5</td><td>検査が始まってから，印刷がはっきりしないところや，ページが足りないところがあれば，静かに手をあげてください。</td></tr>
<tr><td>6</td><td>下書きなどが必要なときは，問題冊子のあいているところを使いましょう。</td></tr>
<tr><td>7</td><td>答えを直すときは，きれいに消してから，新しい答えを書きましょう。</td></tr>
</table>

【問1】 愛さんと優さんは，植物を見て話しています。各問いに答えなさい。

愛：ヒメジョオンを上から見ると，葉がきれいに広がって
　　いるよ（図1）。　　　　　　　　　　　　　　　図1

優：葉が重ならないように規則正しくついているみたい。

愛：下から上に向かって茎の周りを回転するように葉がつい
　　ているよ。よく見ると重なって見える葉があるね。

優：本当だね。他のヒメジョオンも同じように重なって見える葉があるね。

愛：ヒメジョオン以外の植物についても調べてみると，植物ごとの葉のつき方
　　の規則性が見えてくるかもしれないね。

　2人は，次の**方法**でいくつかの植物を調べ，**表1**にまとめました。

方法

① 下の葉を❶として，上に向かって順番に❶，❷，…
　と番号をつけていく（**図2**）。

② ❶の葉と重なって見える葉の番号を記録する。

③ ②で記録した葉が❶の葉と重なって見えるまで，
　茎の周りを何周するか記録する。

図2

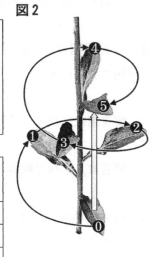

表1

調べた植物＼調べたこと	❶の葉と重なって見える葉の番号	茎の周りを何周するか
ヒメジョオン	❺	2周
カヤツリグサ	❸	1周
ユリ	❽	3周

(1) 2人は，**表1**を見て，葉と次の番号の葉との角度について話しています。

愛：❶の葉と重なって見える葉の番号は，植物によって
　　ちがいがあるんだね。　　　　　　　　　　　　　　図3

優：そうだね。でも，どの植物も多少のずれはあるけれど，
　　❶の葉と❶の葉，❶の葉と❷の葉のように，葉と次の
　　番号の葉との角度は同じように見えるね。

愛：葉と次の番号の葉との角度が，すべて同じだとすれば，
　　カヤツリグサは3枚の葉で1周しているので，360°を
　　3等分してその角度は120°になるね（**図3**）。

優：他の植物では，葉と次の番号の葉との角度は，何度に
　　なっているのだろう。

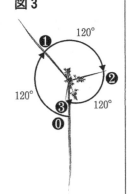

　カヤツリグサと同じように考えると，ユリでは，葉と次の番号の葉との角度は
何度になるか。**表1**を参考に計算をして答えなさい。

(2) 2人は，キャベツの葉のつき方について話しています。

愛：私たちが食べているキャベツも植物だから，葉のつき方に規則性があるのかな。

優：キャベツの何番目かの葉が，❶の葉と重なる位置についているはずだよ。でも，葉が巻いているから，内側は見えないね（図4）。

愛：葉と次の番号の葉との角度がわかれば，何番の葉で重なるか求められそうだね。

図4

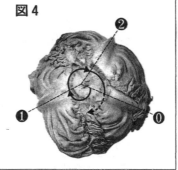

2人は，外側の葉を使って，葉と次の番号の葉との角度を調べ，表2のようにまとめました。

表2

調べた葉	角度
❶の葉と❶の葉	144°
❶の葉と❷の葉	144°

表2の結果を使って，❶の葉と重なって見える位置についている葉のうち，最初の葉の番号を書きなさい。ただし，キャベツの葉と次の番号の葉との角度は，すべて同じ角度とします。

(3) 2人は，さらに植物の葉のつき方について話しています。

愛：植物の葉のつき方には，規則性があっておもしろいね。

優：なぜ規則性があるのか不思議だよね。

愛：ヒメジョオンは，それぞれの葉に日光が当たるように，上から見ると葉がきれいに広がっているのかもしれないね。

優：だから，　　あ　　ことができるんだね。

　　あ　　に当てはまるふさわしい言葉を次のア～エから1つ選び，記号を書きなさい。

ア　葉で，より多くのでんぷんをつくる
イ　虫を引き寄せて，広い範囲に花粉を運ぶ
ウ　受粉して，たくさんの種子をつくる
エ　葉に当たった雨水をより多く吸い込む

【問2】 圭さんと心さんは，松本城の最上階まで上り，松本城の高さについて話しています。各問いに答えなさい。

> 圭：ぼくたちが立っている所って，地上何 m の高さだろう。
> 心：上ってきた階段の 1 段の高さと段数がわかれば，この床までの高さが求められると思うよ。
> 圭：でも，段によって高さがちがったよ。
> 心：いくつか測ってみて，1 段の高さについて考えてみようよ。
> 圭：そうだね。最上階に来るまでに上ってきた階段の段数も調べよう。

> 2人が立っている位置

2人が階段の段数を調べたら，81 段ありました。また，1 段の高さを，9 カ所で調べたら，次のような値でした。

1 段の高さ

21 cm, 24 cm, 24 cm, 24 cm, 25 cm, 25 cm, 26 cm, 32 cm, 33 cm

2人は，この結果をもとに階段の 1 段の高さを何 cm にするかについて話しています。

> 心：**1 段の高さの 9 つの値の中で，出てくる回数が一番多い値をとれば，1 段の高さを 24 cm とすることができるよ。**
> 圭：9 つの値の ［ あ ］ を計算すれば，26 cm とすることもできるよ。段の高さが 2 cm ちがうと，最上階の高さはどれだけちがうのかな。
> 心：2 cm ちがうと，最上階の高さは ［ い ］ cm もちがうよ。
> 圭：9 つの値を大きい順に並べてみると 25 がちょうど真ん中だから，25 cm とすることもできるね。
> 心：1 段の高さを 25 cm とすると，81 段だから 25 × 81 で求められるね。
> 圭：25 × 81 = 2025 だ。
> 心：えっ，暗算で計算できるの。
> 圭：だって，25 × 81 は，25 × ［ う ］ × ［ え ］ ＋ 25 と考えればできるよ。
> 心：そうか，100 をつくるのか。そう考えれば，ぼくも暗算で求められそうだ。最上階の床までの高さは 2025 cm だから，約 20 m だね。

(1) ［ あ ］ に当てはまる言葉を書きなさい。また，［ い ］，［ う ］，［ え ］ に当てはまる数をそれぞれ書きなさい。

(2) 2人は，地面から最上階の床までの高さを 20 m とし，松本城の高さ（しゃちほこの上までの高さ）を求めることにしました。**写真**上では，最上階の床までの長さが 5 cm，しゃちほこの上までの長さが 6.8 cm でした。これらの長さの比から松本城の高さは何 m になるか，答えなさい。

写真

しゃちほこの上
最上階の床
6.8 cm
5 cm
地面

(3) 2人は，別の方法でも松本城の高さを求められないか考え，本にのっていた**木の高さの測り方**を思い出しました。

木の高さの測り方

地面が平らな場所で，**測定板**を目の高さにし，**測定板**の底辺を地面と平行にしながら木のてっぺん（**A**）が**測定板**の一番長い辺の延長線上に見えるところまで後ろに下がり，木までのきょりと目の高さをたすと木の高さが求められる。

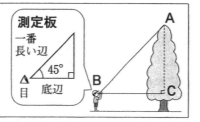

① この方法で木の高さが求められるのは，三角形**ABC**がどのような三角形だからですか。三角形の名前を書きなさい。

2人は，しゃちほこが**測定板**の一番長い辺の延長線上に見える場所を歩きながら探しています。

圭：通路以外の場所は，入ることができないから，場所が限られてしまうね。
心：あっ，ここだとしゃちほこが**測定板**の一番長い辺の延長線上に見えるよ。
圭：この地点としゃちほこの真下の地点を結んだ直線きょりを測ればいいよ。
心：でも，城の壁がじゃまをして，その直線きょりが求められないね。

2人は，**地図**に，しゃちほこの真下の地点**D**と，しゃちほこが**測定板**の一番長い辺の延長線上に見えた地点**E**をかき，直線で結びました。

正方形のます目がかいてある三角定規を**地図**のように重ねると，点**D**と点**E**が，それぞれ，ますのたて線とよこ線の交わる点と重なりました。2人は，**地図**を見ながら，話しています。

地図

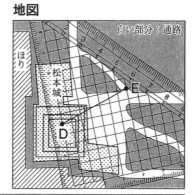

心：**D**から**E**までの直線きょりは測れないけれど，線**DE**と等しい長さのところはないかな。
圭：a ここ（点**F**）と点**E**を結んだ線**EF**は通路上にあるから，測ることができるよ。
心：b （歩幅）×（歩数）で線**EF**のおよそのきょりを求められそうだね。

② 下線部**a**について，解答らんの地図に点**F**をとり，線**EF**をかきなさい。ただし，点**F**は，ますのたて線とよこ線の交わる点の上にあり，線**EF**は通路上（**地図**の白い部分）にあるものとします。

③ 下線部**b**について，線**EF**上を心さんが実際に歩いたら54歩でした。心さんの歩幅を0.5m，目の高さを1.2mとして，松本城の高さを答えなさい。

【問3】　誠さんと望さんは，地球上の氷がすべてとけると海面が約70m上昇するといわれていることを知りました。そこで北極海にある氷の分布を調べたところ，氷が減ってきていることがわかりました（図1）。2人は，水にうかべた氷がとけると，どのくらい水面が上昇するのか確かめるために，コップの水に氷をうかべて水面の高さに印をし，氷がとける前後の水面の高さの変化を観察しました（図2）。

図1　1979年10月　　　　2018年10月

白色：氷，黒色：海，灰色：陸
（宇宙航空研究開発機構（JAXA）提供画像より作成）

図2

氷がとける前　　　氷がとけた後

会話1

誠：あれ，氷がとけても水面は上昇しないね。氷がとければ上に出ている分だけ，水面が上昇すると思ったのに。

望：水面より上に出ている氷の体積はどのくらいだったのかな。

誠：水面より下にある氷の体積ならわかるよ。計量カップで確かめよう。はじめに計量カップに水だけを入れておくんだ。その水に氷をうかべると水面の高さが変わるでしょ（図3）。水に氷をうかべる前後で，計量カップ内の水面の高さが示す目盛りの値の差を調べればいいよ。

図3

氷を　　　　氷を
うかべる前　うかべた後

望：あとは，水にうかべる氷の体積がわかればいいね。注射器も用意して，注射器に入れた水をこおらせれば，水にうかべる氷の体積を調べられるね。注射器内にできた氷を水にうかべて，<u>a 水面より下にある氷の体積がわかれば，水面より上に出ている氷の体積が求められる</u>ね。

　2人は，下線部 **a** を確かめるための**実験**を行いました。各問いに答えなさい。

実験

① 水40cm³を注射器に入れ，冷凍庫でその水をこおらせ，できた氷の体積を測る（図4）。

② 注射器から氷を取り出し，計量カップ内の水にうかべ，水に氷をうかべる前後で，計量カップ内の水面の高さが示す目盛りの値の差を調べる。

③ 水30cm³，50cm³でも①，②の方法で調べる。

図4

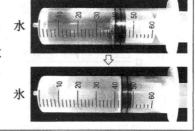

水

氷

(1)　2人は，水がこおるときに体積がどのように変わるのかを，**表1**にまとめました。注射器内にできた氷の体積は，注射器に入れた水の体積の何倍か，小数で答えなさい。

表1

注射器に入れた水の体積（cm³）	30	40	50
注射器内にできた氷の体積（cm³）	33	44	55

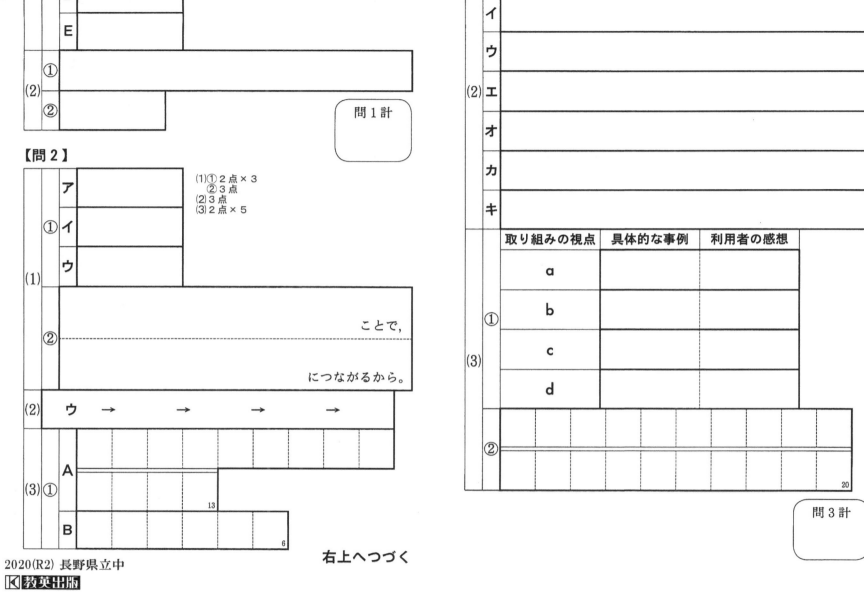

【問2】

(1)① 2点 × 3
　　② 3点
(2) 3点
(3) 2点 × 5

ことで,

につながるから。

右上へつづく

(1) 3 点
(2) 2 点
(3) 5 点
(4)14点

160

60

問4計

得点合計

K 教英出版

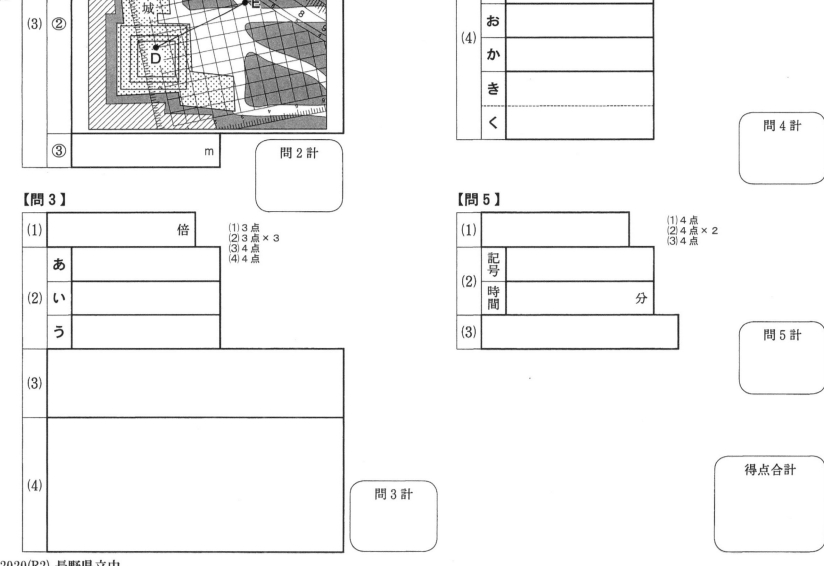

(3) ②

③ 　　　　　　　　　m

問2計

(4)
お

か

き

く

問4計

【問3】

(1) 　　　　　　　　倍

(2)
あ

い

う

(3)

(4)

(1) 3点
(2) 3点×3
(3) 4点
(4) 4点

問3計

【問5】

(1)

(2)
記号

時間 　　　　　　　分

(3)

(1) 4点
(2) 4点×2
(3) 4点

問5計

得点合計

適性検査Ⅱ　解答用紙

【問1】

(1)	。
(2)	
(3)	

4点×3

問1計

【問2】

(1)	あ	
	い	
	う	
	え	
(2)	m	

(1)3点×3
(2)4点
(3)①3点
　　②③4点×2

① 白い部分：通路

【問4】

(1)	
(2)	
(3)	
う	(1)6点

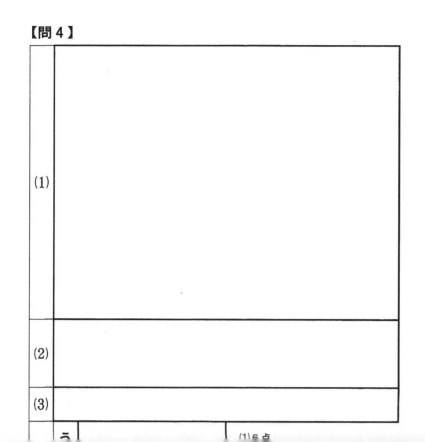

氏　名	
受検番号	

適性検査Ⅰ　　解答用紙②

【問4】

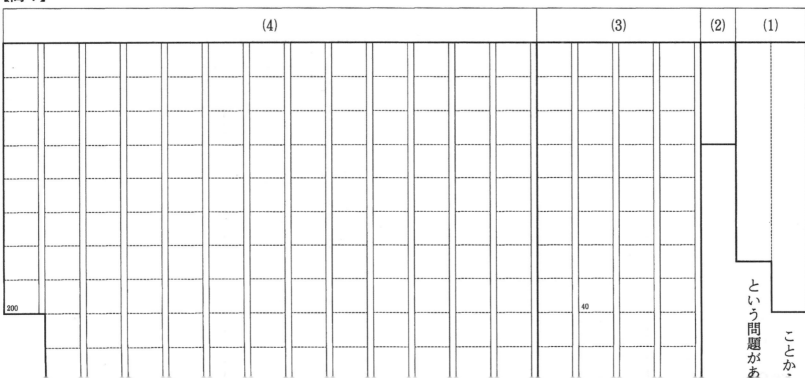

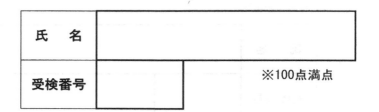

氏　名

受検番号

※100点満点

2　適性 I　①

適性検査 I　解答用紙①

【問1】

(1) ①

50

70

A

B

②C

(1)① 5点
　 ② 2点×5
(2)① 3点
　 ② 2点

【問2】　つづき

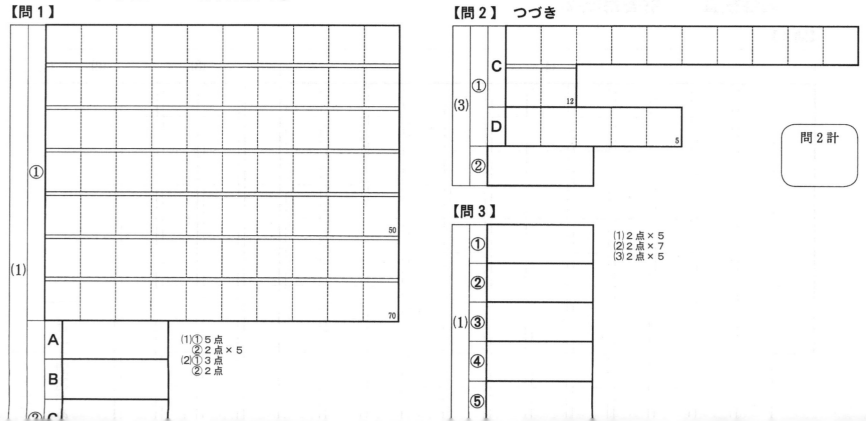

(3) ① C

12

D

5

②

問2計

【問3】

(1) ①
②
③
④
⑤

(1) 2点×5
(2) 2点×7
(3) 2点×5

【解答用

(2) 2人は，**図5**のように，注射器内にできた 44 cm³ の氷を，計量カップ内の 50 cm³ の水にうかべ，その結果と，結果からわかることを**表2**にまとめました。**表2**の あ ～ う に当てはまる数を書きなさい。

図5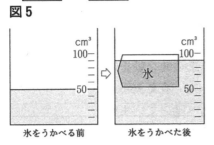

氷をうかべる前 　　　　　氷をうかべた後

表2

	はじめの水の体積（cm³）	50
結果	うかべた氷の体積（cm³）	44
	水に氷をうかべる前後で，計量カップ内の水面の高さが示す目盛りの値の差（cm³）	あ
結果からわかること	水面より下にある氷の体積（cm³）	い
	水面より上に出ている氷の体積（cm³）	う

(3) 2人は，水にうかぶ氷がとけても水面が上昇しない理由について話しています。

望：水面より上に出ている氷の体積は思ったより小さかったな。

誠：氷がとけると体積はもとの水の体積にもどるから，44 cm³ の氷は 40 cm³ の水になるはずだよね。

望：そうか。氷がとけて水になるときに減る体積と，氷が水にうかんでいるときの　　　え　　　は等しいから，水面は上昇しないんだ。

誠：北極海の氷がとけても海面は上昇しないということか。では，どうして地球上の氷がすべてとけると海面が約 70 m 上昇するといわれているのかな。

え に当てはまる言葉を**会話1**からぬき出して書きなさい。

(4) 2人は，地球上の氷について調べ，**図6**～**図8**の資料を見つけました。

望：**図6**と**図7**は，北極海と南極大陸の氷の状態を簡単に表した図だね。

誠：北極海の氷がとけるだけでは海面は上昇しないよね。南極大陸の氷は，　　　お　　　から，海面が上昇するね。それに，**図8**を見ると北極海の氷に比べて南極大陸の氷は体積が大きいな。

望：なるほど。だから地球上の氷がすべてとけると海面が約 70 m も上昇するといわれているんだね。

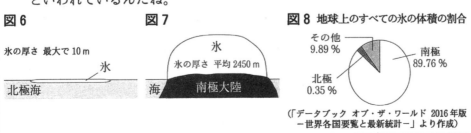

図6
氷の厚さ 最大で 10 m
氷
北極海

図7
氷
氷の厚さ 平均 2450 m
海　南極大陸

図8 地球上のすべての氷の体積の割合
その他 9.89 %
南極 89.76 %
北極 0.35 %

（「データブック オブ・ザ・ワールド 2016年版 －世界各国要覧と最新統計－」より作成）

海面が上昇する理由として考えられることについて，　　　お　　　に当てはまるふさわしい言葉を書きなさい。

- 7 -

【問４】 太郎(たろう)さんは，みそ汁(しる)の中のみその粒(つぶ)の動きについて先生と話しています。各問いに答えなさい。ただし，実験で使用したビーカーはすべて円柱の形をしているものとし，ガラスの厚さは考えないものとします。また，円周率は3.14とします。

> 太郎：お椀(わん)の中のみそ汁をじっくり見ていたら，みその粒が動いて模様(もよう)のように見えました。かき混ぜているわけでもないのに，不思議ですね。
>
> 先生：おもしろいことに気がつきましたね。みその粒の動きがよくわかるように，温かいみそ汁をビーカーに入れて，よく見てみましょう。
>
> 太郎：ビーカーのかべの付近では，粒が下の方へ動いています。
>
> 先生：ビーカーのかべの付近では，みそ汁は冷やされて下の方へ流れます。その反対に，ビーカーの真ん中の方では，上の方へ流れ，水面やビーカーにふれるところで再び冷やされます（図1）。そうしてみそ汁はビーカーの中で流れながら全体が冷めていくのです。
>
> 太郎：みその粒が動いて見えたのは，みそ汁が冷めるときにお椀の中でみそ汁が流れているからなのですね。そうだとしたら，みそ汁とビーカーの周りの温度差を利用すれば，<u>みその粒の動きを逆にする</u>こともできるはずですよね。実験で確かめてみます。

図1

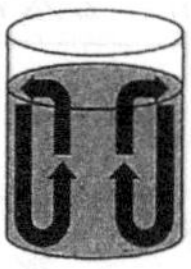

(1) 下線部 **a** について，太郎さんが実験を行ったところ，みその粒の動きは図2のようになりました。どのような実験を行ったのか，図と言葉を用いて説明しなさい。ただし，太郎さんは40℃のみそ汁とビーカー以外に，次の〔　　〕の中から2つ選び使ったものとします。

図2

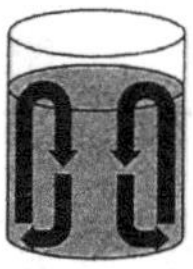

〔　水そう　　ホットプレート　　ガラス棒(ぼう)　　95℃の湯　〕

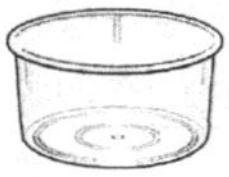

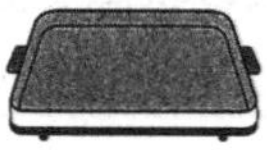

(2) 太郎さんは，みそ汁の冷め方について先生と話しています。

> 太郎：けさ飲んだ，なめこととうふのみそ汁は，冷めにくかったような気がしたけれど，これもみそ汁の流れと関係しているのですか。
>
> 先生：なめこととうふのみそ汁は，何も具を入れていないみそ汁と比べて，どのようなところがちがうのか，考えてみましょう。

そこで太郎さんは，次の**ア〜ウ**の**予想**を立て，**予想**を確かめるために**実験**を行い，結果を**グラフ**と**メモ**にまとめました。

予想

> **ア**　水中にしずんだとうふが，みそ汁の流れをじゃまして冷めにくくなる。
>
> **イ**　なめこのぬめりで，みそ汁が流れにくくなって冷めにくくなる。
>
> **ウ**　ういたなめこで，水面から熱がにげにくくなって冷めにくくなる。

実験

① 同じビーカーを4つ用意し，**A**，**B**，**C**，**D**とする。A～Dに，同量の，湯と少量のみそを入れてかき混ぜる。

② Aには，ゴムせんを数個しずめる。Bには，水でといたかたくり粉を入れてかき混ぜ，全体にとろみをつける。Cには，| あ |。Dには，湯とみそ以外，何も加えない。

③ A～Dをそれぞれ90℃まで温めた後，1分ごとに中の温度を測り，記録する。

グラフ

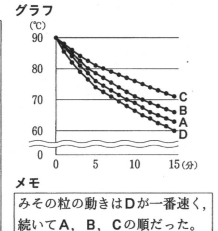

メモ

みその粒の動きはDが一番速く，続いてA，B，Cの順だった。

| あ | に当てはまるふさわしい言葉を書きなさい。

(3) 太郎さんは，**実験**の結果について先生と話しています。

太郎：みその粒の動きがおそいほど冷めにくくなっていました。なめこや中の具によって，液体の流れが小さくなり全体が冷めにくくなるのですね。

先生：おかゆも液体の流れが小さくなることで| い |から，食べるときには，やけどしないように気をつけて食べた方がいいですね。

| い | に当てはまるふさわしい言葉を，**表面**，**中**という言葉を用いて書きなさい。

(4) 太郎さんは，さらに液体の冷め方について先生と話しています。

先生：液体は，どのような大きさのビーカーにどの位入れるのかでも，冷め方が変わります。同じ体積の液体で比べた場合，空気やビーカーにふれる面積が大きい方が冷めやすいと考えられます。湯の入った3つのビーカーE，F，G（図3）で比べてみましょう。EとGは同じ大きさと形のビーカーで，FとGには同じ体積の湯が入っています。

太郎：湯1cm³あたりの，空気やビーカーにふれる面積は，Eは0.75cm²，Fは1.5cm²，Gは| う |cm²となるから，E，F，Gの中では| え |が一番冷めやすいです。液体の体積が同じならビーカーの大きさが| お |方が，ビーカーの大きさが同じなら液体の体積が| か |方が，冷めやすいことがわかりました。みそ汁を鍋からお椀に，食べる直前によそう理由も| き |と| く |のビーカーを比べることで説明できそうです。

図3

E 半径4cmで，高さ8cmまで湯が入っている
F 半径2cmで，高さ4cmまで湯が入っている

E F G

| う | ～ | く | に当てはまる数や記号，言葉を書きなさい。

【問5】 なつさんとあきさんは，栄養バランスのよい献立（こんだて）について話しています。各問いに答えなさい。

> なつ：**主食のチャーハン，デザートの白玉だんごは決まっているから**，そこに**おかずの候補（こうほ）と汁物の候補**から1品ずつ選んで加え，全部で4品の献立を考えるんだね。
>
> あき：ₐ4品をすべて合わせたとき，料理に使われている主な食品が，**表1**のA～Eの5つのグループ全部からとれていると，栄養バランスがよいということになるね。確認してみよう。

主食
チャーハン
（ご飯，卵，サラダ油）

おかずの候補
野菜いため
（にんじん，キャベツ，サラダ油）

汁物の候補
コーンスープ
（とうもろこし，牛乳，パセリ）

デザート
白玉だんご
（白玉粉，きな粉）

スクランブルエッグ
（卵，牛乳，バター）

わかめスープ
（わかめ，ごま，ごま油）

*（　）内は，料理に使われている主な食品を表す。

表1

A炭水化物を多くふくむ食品	B脂質（ししつ）を多くふくむ食品	Cたんぱく質を多くふくむ食品	D無機質（カルシウム）を多くふくむ食品	Eビタミンや無機質を多くふくむ食品	
ご飯	マヨネーズ	卵	牛乳	ピーマン	とうもろこし
じゃがいも	サラダ油	ハム	わかめ	にんじん	たまねぎ
白玉粉	バター	きな粉	チーズ	かぼちゃ	きゅうり
パン	ごま	ツナ	こんぶ	トマト	キャベツ
うどん	ごま油	みそ	のり	パセリ	みかん
さつまいも	らっかせい	とうふ	にぼし	にら	りんご

(1) 2人は，4品の組み合わせを確認する中で，下線部aを満たしていない献立が1組できることに気がつきました。その場合，**表1**のどのグループの食品を補（おぎな）えば，下線部aを満たすことになるか，A～Eから1つ選び，記号を書きなさい。

(2) なつさんたちの班は，4人で協力して，調理実習で野沢菜チャーハン，ゆで野菜サラダ，とうふのみそ汁，白玉だんごをつくることにしました。そして，調理の手順を**表2**のようにまとめました。

表2

料理名\手順	野沢菜チャーハン	ゆで野菜サラダ	とうふのみそ汁	白玉だんご
1	材料を切る （4）	材料を切る （5）	材料を切る （5）	こねる （8）
2	a 具をいためる （5）	d 野菜をゆでる(15)	e だしをとる (10)	丸める (10)
3	b ご飯をいためる(3)	冷ます （1）	f にる （4）	h ゆでる （4）
4	c 味をととのえる（2）	ソースをつくる（1）	g みそを入れる（1）	水で冷やす（1）
5	盛りつける （2）	盛りつける （2）	盛りつける （2）	盛りつける（2）

*a〜hはこんろを使用する調理，（ ）内の数値は調理にかかるすべての時間（分）を表す。

なつさんとはるさんは，こんろの前で，調理の計画について話しています。

なつ：火を使えるところは2つあるね（**図1**）。
はる：こんろを使用する調理の順番次第で，すべての料理の
　　　盛りつけが終わるまでにかかる時間は変わるね。
なつ：最短の時間は何分かな。

図1

左　右

　2人は，野沢菜チャーハンととうふのみそ汁を，温かいうち（盛りつけ後5分以内）に食べ始められ，さらに，手順1〜5がすべての料理で終わるまでにかかる時間が最短になるように，調理の順番を考えました。

　こんろの**左**を使用する調理の順番と，**右**を使用する調理の順番の組み合わせとしてふさわしいものを，次の**ア〜エ**から1つ選び，記号を書きなさい。また，そのときの手順1〜5がすべての料理で終わるまでにかかる時間を答えなさい。ただし，**表2**のa b c，e f gは，それぞれこんろを続けて使用するものとします。

ア　左a→b→c→h，右e→f→g→d　　イ　左a→b→c→d，右h→e→f→g
ウ　左h→a→b→c，右d→e→f→g　　エ　左d→a→b→c，右h→e→f→g

(3) なつさんは，**図2**のように包丁をあてて，直方体のとうふを切りました。

図2

包丁の刃を入れ，端から端まで水平に切る。	包丁の刃全体がまな板に垂直に当たるように，とうふの上から下まで縦や横に切る。

　切ったあとのとうふを数えると，24個ありました。とうふを全部で何回切ったのか，考えられる合計の回数をすべて書きなさい。ただし，包丁を水平，縦，横のいずれにも必ず1回は入れ，途中で止めないものとします。また，はじめの直方体の形をくずさずに包丁を入れるものとします。